16.5

WIEN 1981—1997

FALTER VERLAG

.ROTER ENGEL.

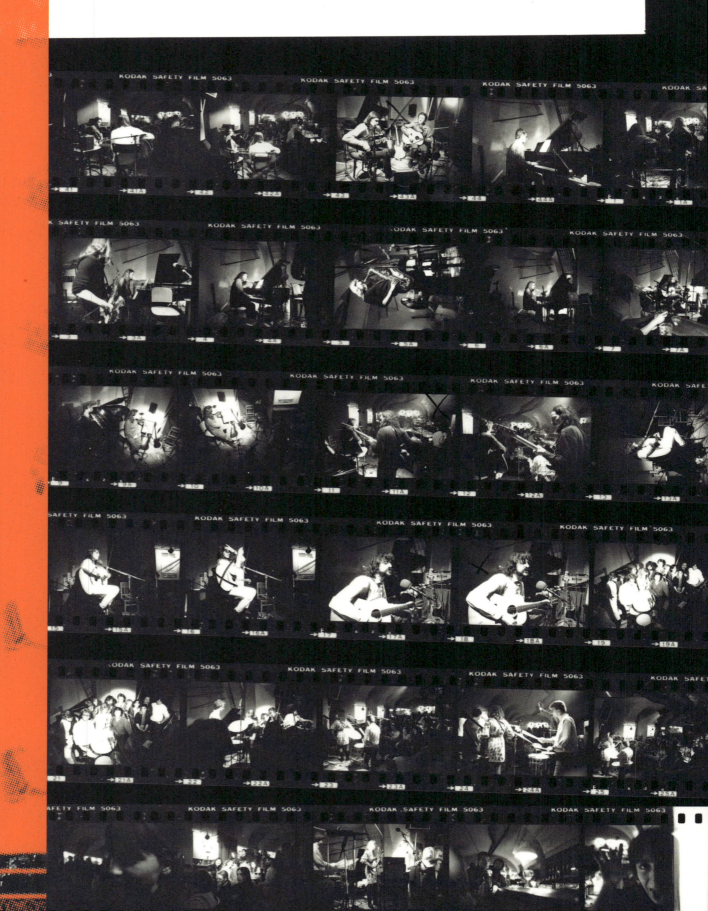

Gewidmet
Christa
Clara, Dennis, Fabian, Tobias, Niklas

Film Nr. 1750 COLOR
copyright by
pictures born
Tel. 0222/ 406 13 36
Fax 0222 / 406 13 36-1

Man kann nicht mehr leben von Eisschränken, von Politik, von Bilanzen und Kreuzworträtseln. Man kann es nicht mehr. Man kann nicht mehr leben ohne Poesie, ohne Farbe, ohne Liebe …

ANTOINE DE SAINT-EXUPÉRY

… und nicht ohne LIVE MUSIK

MICHAEL SATKE

Der Mozart, wenn er heute leben würde, würde nicht im philharmonischen Konzert sitzen, sondern im ROTEN ENGEL oder in der PIANO BAR.

Weiser im Kulturjournal

Nachts in der City

WENN WIEN VON WELT IST.

WIEN – TOT ODER LEBENDIG?

INHALT

0. VORWORT

1. MICHAEL SATKES ROTER ENGEL

2. HIGHLIGHTS

3. LIEBESERKLÄRUNGEN

4. MUSIKGRUPPEN VON A BIS Z

5. IMPRESSUM

Nachts in der City

Wenn Du im Schanigarten Wurzeln schlägst.

WIEN – TOT ODER LEBENDIG?

VORWORT

EIN ROTER ENGEL KAM NACH WIEN, ODER: WO NICHTS LOS IST, KANN MAN NICHT LEBEN

Der 1. Mai 1981 war ein Freitag, am Rathausplatz begrüßt von Leopold Gratz, dem amtierenden Bürgermeister von damals 1.531.246 Wienerinnen und Wienern. Keine drei Wochen später, am 20. Mai 1981, einem Mittwoch, wurde das Lokal Roter Engel im 1. Wiener Gemeindebezirk feierlich (!) eröffnet. Gratz, gefolgt von Helmut Zilk und Michael Häupl, war eines von drei Stadtoberhäuptern, die sich in den Jahren 1981 bis 1997 – jenen Jahren, in denen der Rote Engel, gelegen an der schönen Adresse Rabensteig 5, zum Begriff wurde, in Wien und darüber hinaus – um ein besseres Stadt(er)leben bemühten. Was Livemusik in Wien angeht, sind die Verdienste und Errungenschaften des Roten Engels, dessen Innenleben als Mischung aus „Weinbar und Liedertheater" von Coop Himmelb(l)au, den Architekten des Lokals, womöglich zu trocken beschrieben wurde, in diesen Jahren ohne Übertreibung gewaltig. Das zeigt sich daran, dass sich BesucherInnen noch Jahrzehnte später an bestimmte Konzerte – Livegigs, flüchtigen Ereignissen, die durch und durch im Moment, im Augenblick, im Jetzt verhaftet sind – an diesem Ort erinnern. Gut erinnern, gerne erinnern, mit einem (guten!) Sound im Ohr, dem Bild einer bestimmten Band, genau dieser einen Sängerin auf genau dieser Bühne, den über diese wachenden Engel schweifende Blick …

Gut in dieses Bild passt, dass Helmut Zilk, „der Rockstar unter den Bürgermeistern", hier zumindest einmal (mit-)feierte. Wobei sich die Nachgeborenen und Nicht-ZeitzeugInnen Abende und Nächte im Roten Engel nicht als Kindergeburtstage vorstellen dürfen. Nightlife-Fantasien von Studio-54-artigen Sex-'n'-Koks-'n'-Prominenz-Orgien, wie sie der New Yorker Club evoziert, sollten allerdings mit Bedacht darauf, in welchem Maß das in Wien damals überhaupt möglich war, geprüft werden. Und schon sind wir beim gerne bemühten Sager, dem ewigen Falco (ja, er war im Roter Engel!) zugeschrieben: „Wer sich an die Achtziger erinnern kann, hat sie nicht miterlebt." Das ist gewiss nicht ohne Wahrheitsgehalt. Für die Geschichte aber, der dieses Buch nachspürt, ist ein anderer Gedanke ausschlaggebender. Damit in den 1980ern überhaupt Orte und Zusammenhänge existieren konnten, in denen solches Vergessen möglich war, im besten Fall begleitet und befeuert von geiler Musik und wirksamer, inspirierter und inspirierender Kunst, brauchte es eine Menge Aufbruchsstimmung und Initiative, individuell wie kollektiv. Und dies in einem Jahrzehnt, in dem der Kalte Krieg zwischen der Sowjetunion und den USA noch globale Realität war und George Orwell sein dystopisches Zunkunftsszenario ansiedelte.

Die Wiener Arena war schon 1976 besetzt worden, die Volksabstimmung zum Atomkraftwerk Zwentendorf machte 1978 Langzeitkanzler Bruno Kreisky einen Strich durch die Stromrechnung, die Burggarten-Bewegung datierte aus 1979. In nicht allzu ferner Zukunft lagen die Besetzung der Hainburger Au (1984) und die Gründung der Grünen (1986). Allesamt Ereignisse, die bei all ihrer Unterschiedlichkeit doch etwas gemein haben. Mehr und mehr Menschen emanzipierten sich, rüttelten die Reste gestriger UntertanInnen-Mentalität ab und begannen, gesellschaftliche Teilhabe jenseits von Parteipolitik als Selbstverständlichkeit zu fordern und zu leben; und mit den Achtzigern nahmen diese Dynamiken an Kraft zu.

Nicht zuletzt gab es eine Musik, den später mitunter geschmähten Austropop, in der solche Lebens-

Nachts in der City

Schlägt Wien's Puls im Bermuda

WIEN – TOT ODER LEBENDIG?

VORWORT

gefühle zum Ausdruck kamen. Titanen wie Wolfgang Ambros oder Georg Danzer hatten zentrale Werke veröffentlicht (Ambros: „Es lebe der Zentralfriedhof", 1975, die Dylan-Übertragungen „Wie im Schlaf", 1978, oder „Weiss wie Schnee", 1980; Danzer feierte 1975 mit „Jö schau" erste Erfolge und veröffentlichte '76 das kontroverse Lied „War das etwa Haschisch?"). In den fortschreitenden 1980ern differenzierte sich mit dem Einfluss von Punk, New Wave und N(euer)D(eutscher)W(elle) das inhaltliche und formale Angebot aus. Es gab eine vernehmbare, (meist) muttersprachliche hiesige Popmusik, die den Alltag begleitete und kommentierte, mit Klangfarben und Inhalten, die ein nicht mehr ganz so durchgehend graues Österreich und Wien zusätzlich aufhellten und bunter, lebendiger machten, bis hin zum Welterfolg von Falco. Der als Überwindung des allzu engen Alpenlandes und der gerne museal-morbiden Stadt Wien gelesen werden kann, was noch dazu mit dem Besingen zweier Archetypen, des Kiwaras („Der Kommissar") und Mozarts („Rock Me Amadeus"), gelang.

Im Grunde fehlte dabei für einen solchen Höhenflug in Österreich und Wien die Basis. Es gab keine Musikclubs, wo Bands und Publikum die Kulturtechnik des Livekonzerts üben und fortentwickeln konnten, keine Bühnen, um sich jenseits „großer Konzerte", bei Stadt- und Dorffesten oder solchen in Gemeindesälen und Gewerkschaftsheimen auszuprobieren. (Falco holte sich sein Rüstzeug in der Tanzband Spinning Wheel. Dass sich aus dieser Quelle auch die Schockrocker Drahdiwaberl speisten, zeigt, wie subversiv Unterhaltung sein kann.)

Was uns wieder zum Roter Engel und zu Michael Satke bringt, dem Mann, der mit seinem Team dem Engel zuerst die Flügel angemessen und sie dann ständig in Bewegung gehalten hat, die ganzen angerissenen Achtziger hindurch und noch weit bis in die Neunziger hinein, bis fast an deren Ende. Dabei hat er nicht nur Wesentliches für die Livemusik geleistet, sondern Ähnliches für eine wenigstens ebenso elementare Kultur- und (Über-)Lebenstechnik – das Fortgehen, das *Fortsein*.

Wohl ist die parallel zum jüngeren Boom heimischer Popmusik hierzulande gewachsene Popkulturgeschichtsschreibung durchzogen von mythenumrankten, legendären Lokalen, die sich schon ab den 1970ern und in die Achtziger hinein als Enklaven des Wilden, oder wenigstens des Lebendigen, entpuppten und positionierten. Aber in einer Millionenstadt wie Wien und einem Doch-Millionenland wie Österreich waren dies Anfang der 1980er anekdotische Ausreißer, oft schwer zu findende Ausnahmen und Antithesen zur vorherrschenden Heurigen- und Wirthausdiktatur, von „verrucht" oder „berüchtigt" wollen wir jetzt gar nicht reden.

Ohne die Konzeption, das Umsetzen und Betreiben des Roten Engels zum Akt einer kulturellen Notwehr hochzujazzen oder den Gedanken einer Intervention in Sachen eigener Lebensqualität zu kurz kommen zu lassen, lässt sich der Begriff „Bermudadreieck" als Ausdruck dafür lesen, welche Projektionen und Sehnsüchte in den 1980ern diesbezüglich am Werk gewesen sein müssen. Unter diesem wurden Engel, Krah Krah und Kaktus gerne (medial) verhandelt, allesamt im Viertel um die Ruprechtskirche und die Synagoge gelegen, in dem vor deren Aufsperren frei nach Heidegger „das Nichts recht vernehmlich nichtete". Eintauchen, abtauchen, verschwinden, untergehen im Nachtleben, dazu (hallo, Charles Berlitz und Erich von Däniken!) die Ahnung der Möglichkeit der Begegnung mit dem anderen, dem guten Leben, ohne dass es dazu zwingend Außerirdische braucht, die einen entführen. Weniger pathetisch gesprochen, war das Durchmachen bis vier Uhr in der Früh und dann erquickt (!) In-die-Arbeit-Gehen endlich wenigstens eine Option, das Warten auf das Wochenende bis auf weiteres auszusetzen, wenn nicht gar abzusagen.

Nachts in der City

Wenn der Rote Engel im Krah, Krah bei einem Kaktus sitzt.

WIEN – TOT ODER LEBENDIG?

VORWORT

Rainer Krispel, geboren 1967 in Linz, seit 1995 Überzeugungs-Wiener. Sänger (The Clashinistas, 7 Sioux), Autor, (Musik-)Journalist, Vater. Serie „Musikarbeiter unterwegs" im Augustin (augustin.or.at), Roman „Der Sommer als Joe Strummer kam" (Edition Kürbis, 2012). facebook.com/RainerKrispel

In einer Stadt, in der sich der gute Sigmund Freud am Unter- und Unbewussten abgearbeitet hat, soll dabei nicht unterschlagen werden, wie bewusst der Rote Engel in jedem Aspekt gestaltet wurde. Fanden andere prominente Clubs der Weltmusikgeschichte ihre spätere pophistorische Rolle eher zufällig, wie etwa das New Yorker CBGB, das vom traditionellen Bluegrass beiläufig auf den Punk und die New Wave kam, oder der Londoner 100 Club, in dem lange vor spektakulären Sex-Pistols-Exzessen Jazzer und später großgewordene Rockbands substanzielle Musik spielten, gab es hier von Anfang an einen klaren Fokus. Es ging diesbezüglich, genreübergreifend, um das Lied, um dessen möglichst qualitativ hochstehende Interpretation und ein entwickeltes Verständnis vom Live-Spielen als gekonnte Balance von Kunst und Handwerk, dazu war diese Musik im täglichen Betrieb im ständigen Dialog mit Schauspiel, Literatur und bildender Kunst, samt gastronomischem Qualitätsanspruch.

Als Lokal in seiner Aufbruchszeit und seinen prägenden Jahren in einem Popjahrzehnt, den Achtzigern, verortet, in dem musikalisch gerne die Überlegenheit der Idee, der schieren kreativen Energie gegenüber dem Können oder formellen Kriterien behauptet wurde, die Möglichkeiten des Dilettantismus zumindest theoretisch fröhliche Urständ feierten und mit oft kurzlebigen Hypes kokettiert wurde, war das (vielleicht) antizyklisch, andererseits aber grundvernünftig und visionär zugleich. Dass der Anspruch an die MusikerInnen einherging mit dem Bewusstsein, diesen möglichst ideale, reele Arbeitsbedingungen (und Bezahlung) zu bieten, weist über die Jahre, in denen der Roter Engel in diesem Sinne betrieben wurde, hinaus und machte die Frequenz, in der in diesem Lokal live gespielt wurde, überhaupt erst möglich. Dass die potenziellen Liveacts dabei in einer monatlichen Audition in ihrem unmittelbaren Tun direkt reflektiert und ausgewählt wurden, erscheint heute unvorstellbar bis unerhört, gerade weil Livemusik von Grätzel- bis zu Popfesten so omnipräsent erscheint.

„Live Is Life" ist der so zukunftswirksam gewordene Titel eines weiteren großen österreichischen Hits der Achtziger, 1985 von Opus gespielt und gesungen. Es ist nicht überliefert, ob der Engel diesen Song je gehört hat, zum Titel schlug er jedenfalls anerkennend seine Flügel.

RAINER KRISPEL

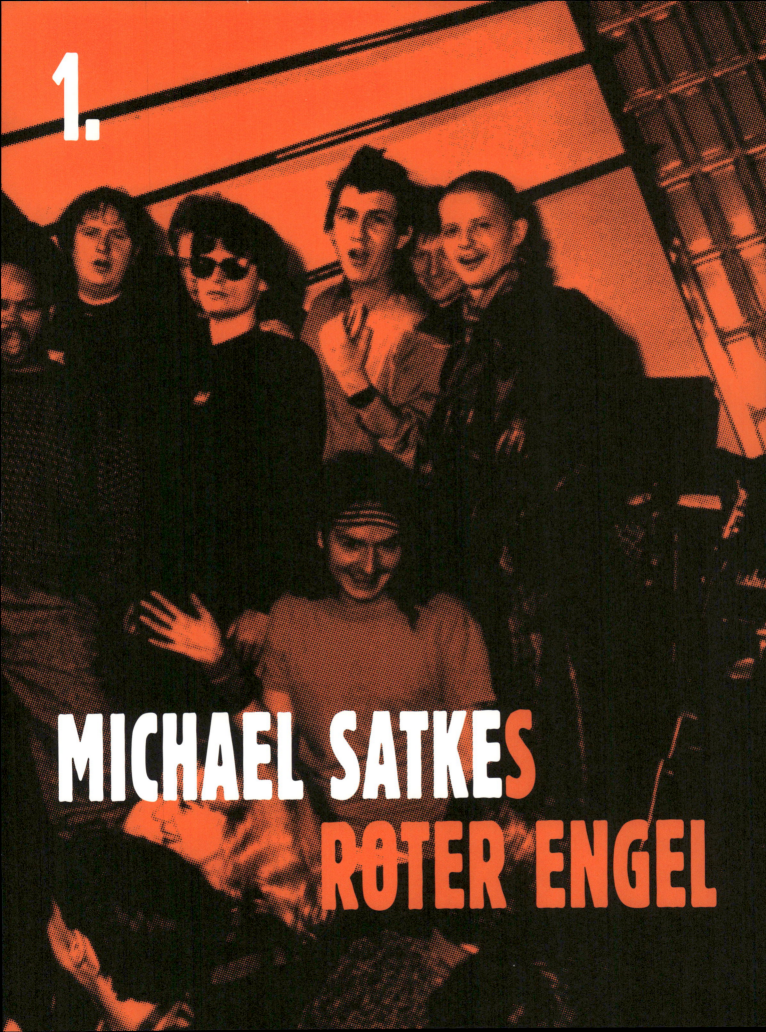

DIE GESCHICHTE DES VIERTELS UM DIE RUPRECHTSKIRCHE, GENANNT BERMUDADREIECK

Still war es, beinahe totenstill, das Viertel um die Ruprechtskirche. Diese Stille wurde nur durchbrochen vom „angenehmen" Lärm durchfahrender Autos und Mopeds. Dann blieben die Autos draußen und Leben kam rein in die Gassen und Plätze.

Am 15. Mai 1980 eröffnete Sepp Fischer sein Krah Krah, am 13. November 1980 Andreas Duchon seinen Kaktus, am 20. Mai 1981 Michael Satke seinen Roten Engel. Das Bermudadreieck war geboren. Ein Viertel, geliebt und hochgejubelt, abgelehnt, ja sogar verdammt, auf alle Fälle aufregend und sehr lebendig. Wien war ein Stück lebenswerter geworden.

.ROTER

„ROTER ENGEL"

Wienerisch sollte er sein, der Name. So wie „Schwarzes Kameel", „Goldene Kugel", „Grüner Baum". Aus über fünfzig erdachten Namen sprang uns „ROTER ENGEL" förmlich an.

ENGEL.

ROTER ENGEL – Der Engel war für uns das Symbol für POESIE und die Farbe Rot stand für MATERIALISMUS. Schließlich sollten sich unsere jungen Musiker ernähren können und später ... ja, was auch immer. Das heißt, ihre Poesie sollte auch Geld verdienen.

ZUERST WAR DER ROTE ENGEL EIN GEFÜHL, EINE STIMMUNG, EINE IDEE ...

Eine Bühne, von der aus täglich der Raum mit lebendiger Musik, mit Poesie gefüllt werden sollte. Eine Bühne, auf der täglich in Wien junge MusikerInnen, SängerInnen und EntertainerInnen ihre Musik, ihre Show einem vielleicht vorhandenen Publikum präsentieren können.

BETTELN UND VERB

Es war eine Idee, denn keiner wusste zu diesem Zeitpunkt, ob in einer Stadt, in deren Häusern und Höfen unzählige Schilder mit „Betteln und musizieren verboten" hingen, eine solche Musikszene überhaupt existierte.

Vor dieser Bühne eine Bar. Eine Weinbar. Denn herrlicher Wein öffnet den Kopf und den Bauch, macht empfindsam und hellhörig für das, was auf der Bühne geschieht.

MUSIZIEREN
NOTEN

Es sollte ein Raum sein für alle Sinne, ein Raum zum Sehen, Hören, Riechen, Schmecken und Spüren, ein sinnvoller Raum. Dafür kam nur ein Architektenteam infrage, meine Freunde Wolf D. Prix und Helmut Swiczienski – Coop Himmelb(l)au –, sie setzten diesen Traum in die Wirklichkeit um.

NM LIED MACHT NEN RAUM
CAME IT'S NOT THE SINGER
IT'S THE SONG

Wolf. Winterscan 80

... UND DANN GEBAUTE, BENUTZBARE, ERLEBBARE, ERFÜHLBARE WIRKLICHKEIT.

Und so beschrieben Coop Himmelb(l)au den gebauten Engel:

„Der Rote Engel ist die Kombination einer Weinbar mit einem Liedertheater für 120 Personen Publikum. Mit einer Bühne, über der sich ein Engel entfaltet. Der Engel des Tons ist der gebaute Atem des Sängers, die gebaute Melodie des Musikers, die materialisierte Sprache des Spielers auf der Bühne. Die gestaltete Verletztheit der Architektur ist die Verletztheit des Sängers. Und der Schutzgott über ihm. Der Körper des Engels ist aus plastisch geformten Mauerwerk und Glasbausteinen – wer hat schon je den Körper eines Engels gesehen? – und ist auch an der Fassade sichtbar. Die Flügel des Engels, die das Gewölbe durchschneiden, sind räumlich verformte Blechprofile mit einer Nirosta-Schneide. Dazwischen ist Ton. Die Tonlinie beginnt über der Bühne, knickt entlang der Fassade, durchbricht die Außenmauer und endet im Innenraum in einer Nadelspitze."

Die Materialien der Gestaltung sind städtisch: Wellblechtüren, Wellblechwandverkleidung, die Lichtblenden sind industriell gefertigte Guardrailprofile. Die Thekenwand ist versiegelter Beton, der Boden Asphalt. Die Wandborde sowie das Barpult sind jedoch Red-Pine-Holzprofile.

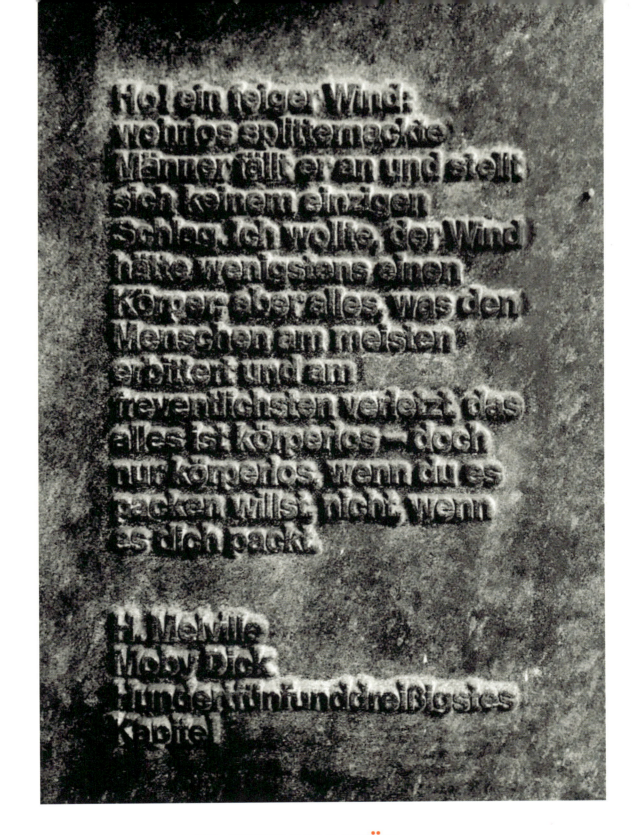

SCHILD BEI DER EINGANGSTÜR ZUM ROTEN ENGEL

Man betritt einen Ort der Poesie.

RAUS AUS DEN PROBERÄUMEN.
RAUF AUF DIE BÜHNE.

Die Bühne des Roten Engels sollte ein Ort für junge MusikerInnen sein, unabhängig von der Musikrichtung, ein Ort, an dem sie sich dem Publikum präsentieren, Liedtexte, Musik und Arrangements ausprobieren, die Show testen konnten. Eine solche Erfahrung ist notwendig, damit sich die MusikerInnen weiterentwickeln können.

Weil, wie es so schön heißt: **LIVE IS LIFE**. Soweit die Kurzfassung. Ausführlicher geht es auf den nächsten Seiten weiter.

ROTER ENGEL — THE VOICE OF VIENNA

Man soll nichts überschätzen, aber auch nichts unterbewerten. Der „Engel" war ein Musiklokal wie viele hunderte auf dieser Welt, aber mit ein paar Besonderheiten: er hatte ein offenes Konzept – Offenheit ist eine Lebensübung für mich. Jeder konnte jederzeit diesen Musikraum betreten. Wenn es gefiel, blieb man, und wenn es missfiel, ging man, ohne den „unangemessen niedrigen Musikbeitrag" zu bezahlen. Das war etwas Besonderes.

Ich hatte mich für ein offenes Musikkonzept entschieden. Der rote Faden im Roten Engel war die Stimme und das Lied. Gesungene Worte, egal, ob rockig oder bluesig, sentimental oder provozierend, kitschig oder berührend. Aber intelligent und voller Poesie sollten sie sein, und oft waren sie es. Deshalb wurde der „Engel" „The Voice of Vienna" genannt. Das ist etwas Besonderes.

Es ist für mich nicht leicht, 17 Jahre „Engel" zu beschreiben. Euphorie, unterbrochen von Depressionen, Nächte des Fliegens, gebrochen durch Langeweile, dann wieder das Unvermutete, die Sensation. Miterleben müssen, wie hart und schwierig es für MusikerInnen war, mit guter und aufregender Musik Erfolg in diesem Land zu haben, alles hinschmeißen wollen, dann aber mit Genugtuung verfolgen dürfen, eine oder einer hatte es wieder geschafft. Das alles war es wert durchzuhalten und weiterzumachen. Der „Engel" war etwas Persönliches, mein „Engel". Unsubventioniert. Das war etwas Besonderes. Der Maschinenraum der Livemusik, des langsam in Fahrt kommenden Tankers: Wien.

Im Rückblick habe ich Zahlen und Fakten vorgebracht, wissend, dass sie beeindrucken, dass sie Gefühle und Stimmungen beschrieben, wissend, dass sie kaum beschreibbar sind. Der Rote Engel war diesen Versuch wert. Er ist etwas Besonderes.

5840 NÄCHTE EIN ORT DER MUSIK

Ein Raum, erfüllt mit vielen richtigen Tönen, aber auch so manch falschem Ton. Erfüllt mit aufregenden, gebrochenen, leisen, vollen, weichen, harten, heiseren, schrillen, bluesigen und rockigen Stimmen. Erfüllt mit schrägen, grellen, gezogenen, gezupften und fetzigen Gitarrentönen. Erfüllt mit dunklen, vibrierenden, geschlagenen und durchdringenden Basstönen. Erfüllt mit weinenden, seufzenden, schneidenden und sentimentalen Tönen des Saxophons. Erfüllt mit harten, knochentrockenen Stakkatos, dumpfen Schlägen und streichelnden Beserln des Schlagzeugs. Erfüllt mit virtuosen Läufen, breiten Akkorden, rockigen Anschlägen und schnulzigen Molltönen des Klaviers. 5840 Nächte erfüllte Musik den Maschinenraum der Livemusik Wiens.

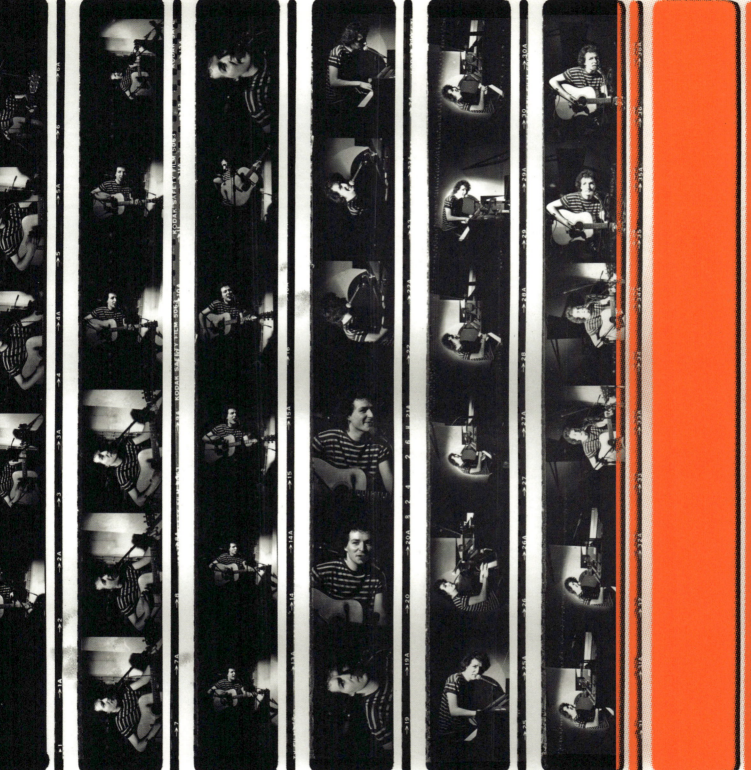

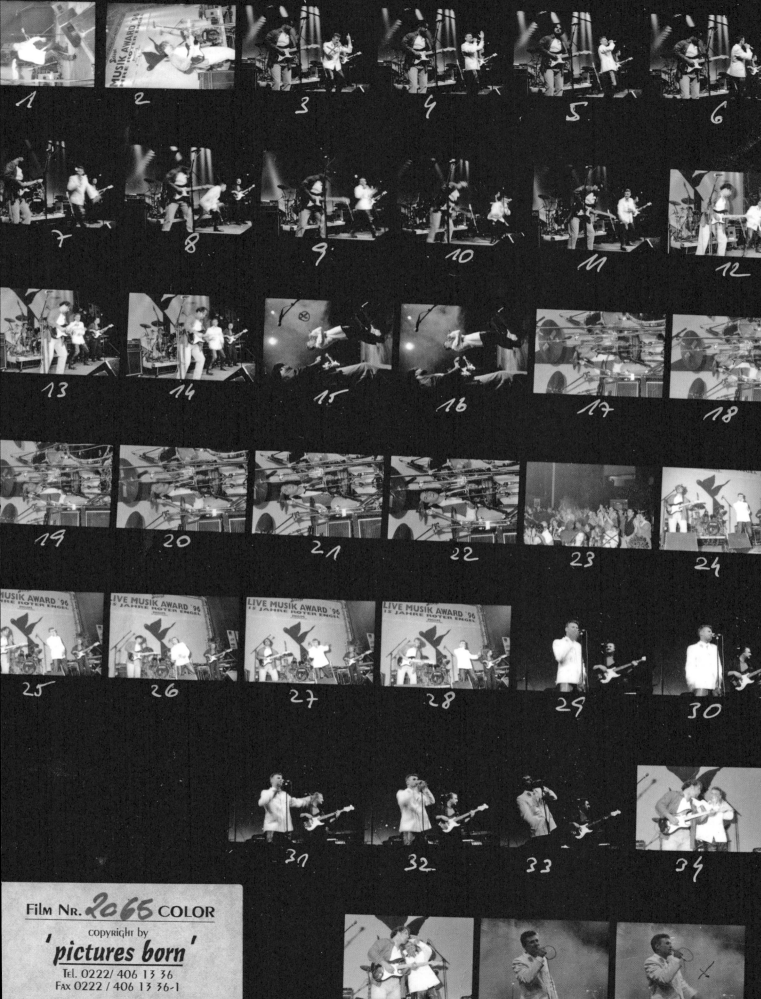

DER GEFESSELTE SCHANIGARTEN

Es ist die Zeit der ersten Schanigärten im ersten Bezirk. Ein neues Zeitalter bricht an. Lange gewartet, acht Beamte von acht Behörden genehmigen vierundzwanzig Sesseln.

Auflage: Die Sessel dürfen nicht weiter als siebzig Zentimeter von der Wand entfernt stehen.

Eine Woche nach der Genehmigung kommt der Chef der zuständigen Oberbehörde und misst: sechsundachtzig Zentimeter.

Drohung. Konzession für Schanigarten wird entzogen.

Also Zettel auf den Tisch mit der Bitte: Gäste mögen mit dem Sessel nicht von der Wand wegrücken. Ergebnis: Lesen Sie weiter.

Nach drei Wochen, wir kennen ihn schon, wird wieder gemessen. vier von vierundzwanzig Sesseln sind achtzig Zentimeter von der Wand entfernt. Noch ernstere städtische Drohung. Also was tun?

Wir ziehen eine Kette durch die Stühle und fesseln sie an die Wand. Das ist einmalig. Ein gefesselter Schanigarten.

Im Lokal entfesselte Musiker und auf der Straße gefesselte Stühle. Zur Ehrenrettung der Behörde, in der nächsten Schanigartensaison wurde eine neue Schanigartenverordnung erlassen. Wir durften die Sessel sogar zweireihig aufstellen.

Wien bleibt Wien, ein Ort behördlicher Poesie.

Roter Engel 3 Frauhystr. / Werner Pfeffer

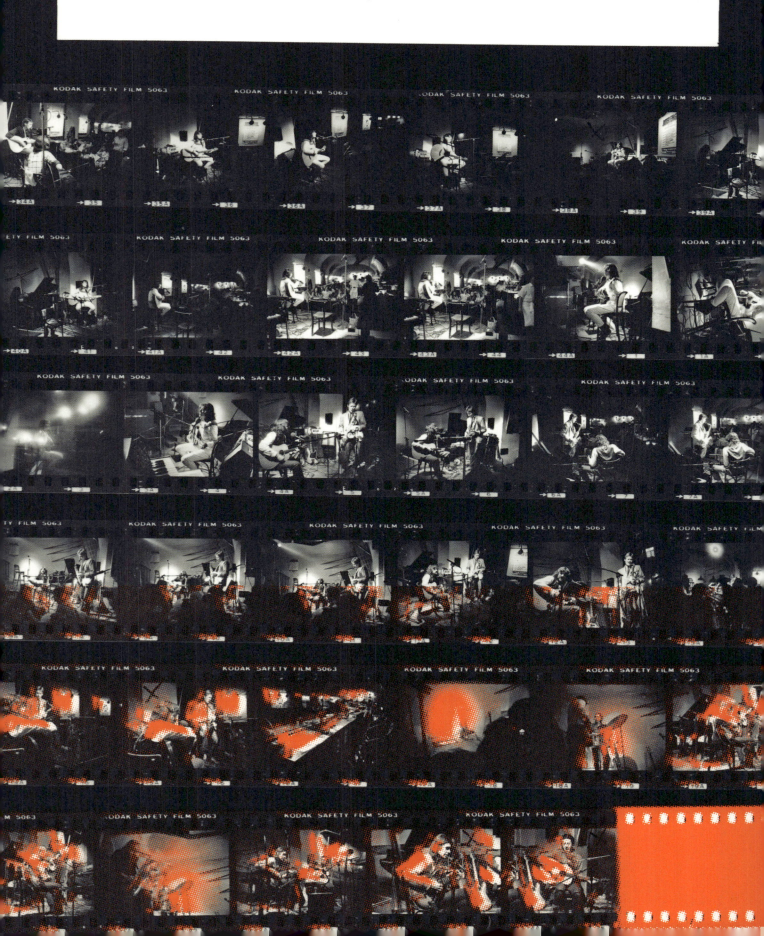

FAST 900 MUSIKGRUPPEN UND SOLOMUSIKER STANDEN AUF DER ENGEL-BÜHNE

Und damit viele Träume vom großen Erfolg, Auftrittsängste, gut drauf sein, Niederlagen einstecken, ausprobieren, mit Gewalt anheizen, wenn's nicht anders geht, nackt spielen, euphorisch sein, fliegen, hinter Mikros verschwinden, abtreten, weil das Publikum ignorant ist, Durchbrüche erleben, Erfolg haben, zu den Siegern gehören, ein Star sein. Ein Traum geht in Erfüllung.

Es war viel Mut notwendig, sich auf der Engel-Bühne dem Publikum zu stellen. MusikerInnen, die es ernst meinten, hart arbeiteten, ihre ganze Energie gaben, konsequent blieben, nicht korrumpierbar waren und sich trotzdem als Entertainer verstanden. Ihr habt den Engel zu dem gemacht, was er war. Der Maschinenraum der Livemusik Wiens.

INSPIRATION

Er kam immer wieder. Falco. Aber immer zu den Auftritten unseres alemannischen Exzentrikers Tschako. Denn der Engel war nicht nur ein inspirierender Ort für unser Publikum, sondern auch für Musiker, Performer und Grenzgänger. Und so wurde möglicherweise aus einer wahnsinnigen Horror-Ballade von Tschako, „Karin ist tot", ein Welthit, „Jeanny", von Falco.

Zur Erinnerung:

„KARIN IST TOT" – TSCHAKO, 1983

Ich weiß heute noch nicht,
warum ich versagte.
Aber was der Höhepunkt
unserer jungen Liebe werden sollte,
wurde zum Fiasko.
Ich brachte keinen hoch und Karin?
Karin lachte …

Karin ist tot. Karin lebt nicht mehr.
Karin ist tot.
Welch Schmerz für ihre Eltern.
Karin ist tot.
Karin lebt nicht mehr.
Karin ist tot.
Welch Schmerz für dich und mich…

„JEANNY" – FALCO 1985

Alle wissen, dass wir zusammen sind
Ab heute
Jetzt hör ich sie
Sie kommen
Sie kommen dich zu holen
Sie werden dich nicht finden
Niemand wird dich finden
Du bist bei mir

Newsflash
In den letzten Monaten ist die Zahl
Der vermissten Personen dramatisch
angestiegen
Die jüngste Veröffentlichung der
lokalen Polizei
Behörde berichtet von einem
weiteren tragischen Fall
Es handelt sich um ein neunzehn-
jähriges Mädchen
Das zuletzt vor vierzehn Tagen
gesehen wurde
Die Polizei schließt die Möglichkeit
nicht aus, dass es
Sich hier um ein Verbrechen
handelt …

ICH KANN ES NICHT

Wir hatten einmal im Monat Audition. Es kamen zwischen drei und fünf junge Musikgruppen zum Vorspielen.

Ich kann es nicht.

Sie spielten technisch so ziemlich perfekt, waren sympathisch und gut drauf. Aber sie spielten für sich. Ihre Energie, ihre Musik kam nicht über den Bühnenrand.

Und das Schlimmste, was einer jungen Gruppe passieren kann, ist, auf der Bühne zu verhungern, weil sie das Publikum mit ihrer Performance nicht erwischen.

Oder wie es Christian Kolonovits so genau beschreibt: „Ich habe mich immer als Musikant gefühlt, der für Menschen spielen wollte. Dabei waren die Roma-Musiker des Südburgenlands, wo ich aufgewachsen bin, immer mein großes Vorbild. Sie waren nie abgehobene Musiker, die ihre Kunst in Hinterzimmern versteckten. Nein, sie hatten immer das Gegenüber des Publikums. Und sie wussten: erst wenn die Musik vom Publikum reflektiert wird, hat sie ihren Sinn erfüllt."

Trotzdem, wie sag ich es ihnen. Ich kann es nicht.

Wolfgang, du bist viel besser darin als ich, es ihnen sanft beizubringen. Wolfgang, mein Psychogenie machte es. Die Truppe marschierte sogar noch einigermaßen fröhlich ab, um es in einem Jahr zu schaffen. Den ersten Auftritt im Engel.

SO GEHT'S AUCH

Ich schlenderte auf der Kärntner Straße Richtung Dom. Da hörte ich sie. Die Stimme. Voluminös, klar, brillant. Als ich diese Stimme zwanzig Meter weiter noch immer voll präsent hörte, machte ich am Absatz kehrt. Da stand er. Ein etwas molliger Schwarzer, im Wintermantel, mit langem Schal (später sein Markenzeichen) und sang Opernarien. Singst du außer Arien auch anderes? Natürlich, Gospel und Blues.

Komm mit mir in den Engel, dort wartet ein Klavier auf dich. Er war Gesangsstudent klassischer Musik in Graz, auf einem Wien-Trip.

Im Engel setzte er sich an den Yamaha und begann mit unglaublicher Energie und einer selten gesehenen und gehörten Bühnenpräsenz Gospel und Blues zu singen.

Und mit diesen gesungenen „schwarzen Messen" faszinierte HANNIBAL MEANS, sich bis zur Erschöpfung verausgabend, mehr als ein Jahrzehnt seine immer größer werdende Fanfamilie. Mit einem Wort: der Engel war gerammelt voll.

So geht's auch. Poesie von der Straße.

MEHR ALS 7000 LIVE-AUFTRITTE

Darauf waren wir stolz, denn das heißt mehr als 7000 Handschlagverträge, hunderte Male kurzfristige Programmänderung, weil keine Stimme, gebrochene Arme und Finger, durch Autounfälle gestoppt, von Grippe befallen, für „wichtigere" Gigs entschieden, vom Bundesheer einberufen oder einfach vergessen.

Mehr als 7000 Mal „one, two, three, das ist eine Tonprobe". Hektische Tontechniker, weil Stromausfall, Wackelkontakte, Mikros verschwunden, Scheinwerfer oder Verstärker ausgefallen, das Drum-Computerprogramm abgestürzt, Sicherungen gegangen. Und das Publikum merkte nichts davon, oder kaum etwas.

MEHR ALS 600.000 ZUHÖRER

Menschen mit offenen Ohren und Herzen, aufmerksam, konzentriert, manchmal ekstatisch, euphorisch, mitfliegend, kritisch und ablehnend, leider manchmal langweilig, dumpf, klatschfaul, ignorant und provozierend. Aber das machte es aus. Der Engel war einer der schwierigen Orte für Livemusiker, wie sie mir aber bestätigten, auch einer der faszinierendsten. Denn einerseits klein und deshalb leicht in Besitz zu nehmen, andererseits kein stiller Konzertraum, sondern eine Bar. Wenn die Musiker nicht alles gaben oder einfach schlecht waren, blieb die Energie am Bühnenrand hängen und nichts passierte. Keine Aufmerksamkeit, keine Vibration, kein Mitziehen.

Ein Ausleseprinzip wie am Markt von Marrakesch. Nur die Besten, Konzentriertesten, alles Gebenden konnten das Engel-Publikum zum Zuhören bringen und vielleicht begeistern.

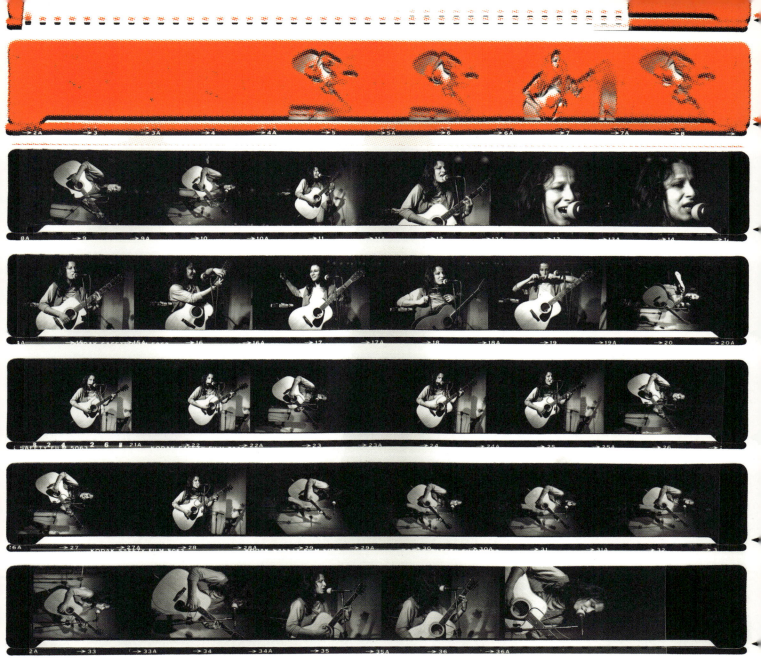

HONORARVERHANDLUNG

Wie kann ich Dir helfen?
Ich brauche eine höhere Gage.
Wieso?
Ich brauch eine neue Badewanne.
Alles klar.

ETTA SCOLLO

DER BLUTIGE MUSIKBEITRAG

Die Livemusik tobte.

Da kam Sie in den Engel, fesch, emanzipiert und beschwipst. Sie steuerte direkt die Bar an und bestellte einen Pinot Grigio.
„Willst du bleiben?" „Ja!" Also wurden sofort das Getränk und ein Musikbeitrag von dem freundlichen, fröhlichen Kellner kassiert.

VERWEIGERUNG.

Erklärung:
Der Musikbeitrag ist für die MusikerInnen. Davon leben sie.

VERWEIGERUNG.

Ausführliche Erklärung:
Nicht nur die Band, sondern auch der Tontechniker, der Klavierstimmer, die Reparaturen der Ton- und Lichtanlage wird mit dem Musikbeitrag bezahlt.

VERWEIGERUNG.

„Dann muss ich Sie bitten, den Engel wieder zu verlassen."
Da fällt die fesche, emanzipierte und beschwipste Frau auf die Knie und schlägt ihre blendend weißen Zähnchen in die Wade des Kellners.

Gebisssperre. Das Blut fließt. Mit der Hilfe einer weiteren Kellnerin und eines Kollegen wurde mein Kellner Werner mühsam von dem starken, jugendlichen Gebiss befreit. Die fesche, emanzipierte junge Frau springt auf, spuckt das Blut aus und stürmt aus dem Lokal. Weg war sie.

Die Livemusik tobte weiter. Livemusik ist gefährlich.

ROCK'N ROLL
the Voice of Vienna
LIVEMUSIC & ENTERTAINMENT

JETZT TÄGLICH LIVE BIS 4 UHR FRÜH

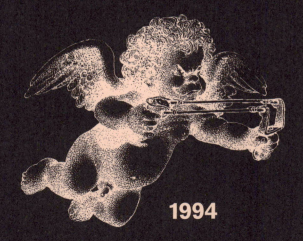

1994

WIEN 1, RABENSTEIG 5

KING UBU CABARET

THE LAMBERT BROTHERS

ROTEN ENGEL
Sonntag
14 APRIL
2100 uhr

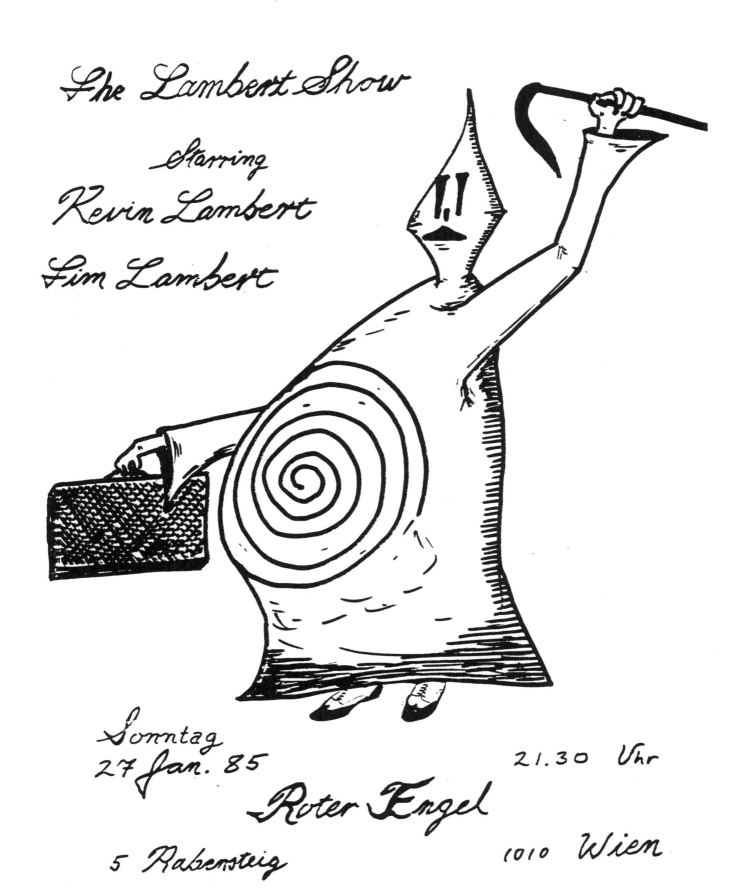

WIE AUS EINER ZWEIZIMMER- EINE DREIZIMMERWOHNUNG WURDE

Unten der Engel. Erster Stock Billard Café. Zweiter Stock wohnt Bela Zak, Schauspielerin und Sängerin. Dritter Stock wohnt junge Familie mit Kind in einer Zweizimmerwohnung.
Alles eitel Wonne.

Da wird die junge Frau schwanger. Da könnte es in der Zweizimmerwohnung eng werden. Aber wie es bei schwangeren Frauen so üblich ist, werden sie hellhörig.

1. ANZEIGE.
Lautstärkenmessung in der Wohnung. Unentschieden.

2. ANZEIGE.
Lautstärkenmessung. Ergebnis: Die Lautsprecher sollten schallgedämmt aufgehängt und schallgedämmt auf die Bühne gestellt werden.

3. ANZEIGE.
Lautstärkenmessung. Wenn alle Beteiligten den Atem anhalten, hören bis auf den Wohnungsmieter alle einen ganz leisen Bass. Die Bühne muss abgebaut, neu gestaltet und schallgedämmt wieder aufgebaut werden.

4. ANZEIGE.
Die Bässe werden mit hohem technischen Aufwand abgeschnitten und die Anlage plombiert. Der Sound ist scheiße. Meine sehr tüchtigen, erfahrenen Tontechniker lösen das Problem.

7. ANZEIGE.
Man soll die schliefbaren Kamine mit Sand füllen.

8. ANZEIGE.

Das Problem der hellhörigen jungen Frau könnte gelöst werden, so sagen die Messtechniker, wenn sie eine leise tickende Uhr im Wohnzimmer aufstellt. Abgelehnt.

9. ANZEIGE.

Vielleicht kommen die Bässe durch die offene Eingangstür, schwingen sich über die Straße, brechen sich an der gegenüberliegenden Häuserfront, schwabben in den dritten Stock und brechen durch die geschlossenen Fenster in die Zweizimmerwohnung. Wir lassen Flughafenfenster einbauen. Jetzt ist es still. Totenstill. So still, dass man ohne zu atmen wieder die Bässe hörte, wenn man schwanger ist. Nach zwölf Messungen (unabhängig vom Ergebnis, von uns bezahlt) und zweimaliger Drohung der Sperrung des Engels reagierte die zuständige Behörde mit totaler Ignoranz der Beschwerden. Dafür erhöhten sich die Polizeieinsätze. Inzwischen hatte sich der Mann der jungen Mutter mit der Hausverwaltung angelegt. Zu kleine Mistkübel, zu laute Mistkübel, zu lautes Knallen des vier Meter hohen Eingangstores. Nach drei Jahren setzten wir uns zusammen, die Hausverwaltung vom Stift Seitenstätten und ich. Die Hausverwaltung hatte eine nette Dreizimmerwohnung am Concordiaplatz. Diese wurde dem Pärchen zur Verfügung gestellt. Wir teilten uns die Kosten fünzig zu fünzig, weil die Miete gleich blieb, keine Ablöse. Das Problem war gelöst und aus der Zweizimmerwohnung wurde eine Dreizimmerwohnung. Das ist gekaufte Poesie.

Nachsatz: Der junge Vater war Funktionär des schwarzen ÖAAB und wollte sich wahrscheinlich am „Roten" Engel rächen.

5840 TAGE & NÄCHTE EIN WIENER LOKAL

Die Theke der Bar, auf den Millimeter genau nachgebaut der Theke unserer Lieblingsbar, dem alten PUFFY'S in New York (Chris Britz, Wolferl Prix und ich hatten dort schon einen Meldezettel), war das Zentrum des „Engel". Auf und über diesen Tresen lief es. Und dass es lief, Tag und Nacht (der Engel sperrt um 15 Uhr nachmittags auf und früh am Morgen zu), dafür sorgten diese Universalgenies mit der Berufsbezeichnung „Kellner". Schnell mussten sie sein, freundlich auch um drei Uhr früh, beruhigend, umsorgend, schlichtend, auch energisch und, wenn das Lokal bummvoll war, immateriell – sonst wären sie zwischen den Gästen nicht mehr durchgekommen. Dass es nicht immer gelang, verzeihen wir ihnen, denn sie waren einfach auch nur, wie genial auch immer, Menschen. Dafür möchte ich mich bei meiner „Crew" bedanken, ihr habt nicht nur den Ruf, die „Schönsten" eures Gewerbes zu sein, sondern ihr wart auch die Besten.

Danke lieber Andreas, Andy (Chefkoch), Brenda, Chistoph (Stoffl), Ewald, Ferenc, Günther (Gunkl), Heidi, Maria, Michael, Norbert, Peter, Robert, Walter, Werner, Wolfgang (Schachi) und noch einige mehr.

Und diese Truppe wurde geführt von Konstanze Zinsler, Britti Butka, Igo Kurasch, Wolfgang Beneder, Bodo Trenner, Walter Winkler und, ihr gebührt mein besonderer Dank, meiner quirligen Assistentin Susi Madl.

2.

HIGH
LIGHTS

1981

TÜREN AUF!

**AM 20. MAI TÜREN AUF,
AM 22. MAI MIKRO FREI FÜR INGRID CAVEN**

Es war einer der beeindruckendsten Auftritte im Roten Engel. Eine große Schauspielerin, Sängerin und Komödiantin. Ingrid Caven war <u>der</u> deutsche Star in Paris. Sie füllte drei Tage hintereinander das Pariser Odéon. Ihr Mann, Rainer Werner Fassbinder, ihre Freunde Hans Magnus Enzensberger, Jean-Jacques Schuhl und natürlich sie selber schrieben intelligente, poetische Texte und Peer Raben und W. Ambach schrieben aufregende Musik.

EIN HERRLICHER START.

1981 1983 1984

AUSSTELLUNGEN IM ART-RAUM ROTER ENGEL

RUDI STANZEL, 1981

EDITH MOSTBÖCK, 1983

ALEXANDER RINESCH, 1983

**BRITZ, HIKADE, NÖBAUER, WASKE
TREFFEN FÜR 24 STUNDEN, 1984**

FREDERICK STEINMANN, 1984

ICH BIN DAS WILDE ZIMMER.

FÜHLT MICH.
IHR NÄRRISCHEN CLOWNS.
IHR CLOWNESKEN NARREN.
IHR TRAUM-TÄNZER.
IHR WILDEN AKTIONEN.
FÜHLT MICH.
AB MAI.

ÜBER DEM „ROTEN AXEL"

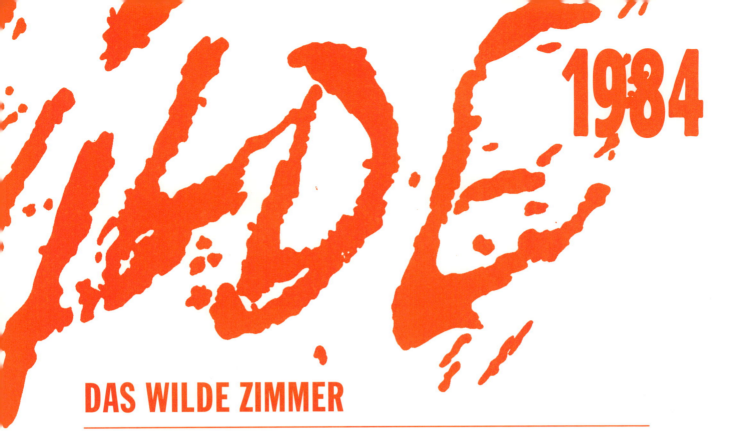

DAS WILDE ZIMMER

Im Juni eröffnete der Rote Engel im ersten Stock das „WILDE ZIMMER", einen Theaterraum für Narren, Tänzer und Literaten.

Gespielt, getanzt und gelesen haben:
Philipp Sonntag, Miki Malör, Struppi „Jet in Japan", Astrid Karimi Step Dance, Cache Cache, Elisabeth Reichart, „Die Szene der jungen Affen", Alois Brandstetter, Gerhard Amanshauser, Herbert Eisenreich, Erwin Einzinger, Wolfgang Bauer, Ilse Tielsch, Reinhard P. Gruber, Erika Molny, Jutta Schutting, Friederike Mayröcker, Marie-Thérèse Kerschbaumer.

ROTER ENGEL

Liederbar

Live-Präsentation am Mittwoch, 9. 10. '85, 21ʰ im Roten Engel.

Ab 3. 10. '85 in allen Geschäften.

Lieder, Chansons, Songs & Swing. Bis 4 Uhr früh. Wien 1, Rabensteig 5

.ROTER ENGEL.
IM WILDEN ZIMMER

Komiker
Philipp

Sonntag
Knautschzone

10., 11., 12., MAI
17., 18., 19.
20 Uhr

CLUB1
Ermäßigungskarten für
Clubmitglieder an der
Abendkasse

Wien 1, Rabensteig 5,

.ROTER ENGEL.
Liederbar

Lesezirkel

präsentiert

KURZPROSA

mit

Alois Brandstetter, Gerhard Amanshauser,

Herbert Eisenreich, Erwin Einzinger

26. September, 19.00 Uhr   Eintritt frei

   Wiener Zeitung

Wien 1, Rabensteig 5, 15Uhr bis 04Uhr früh

ENGEL

derbar

Fr 17.Okt 21³⁰: Big Sissy
         0³⁰: Faustino (Flamenco)
Sa 18.Okt 21³⁰: Kings of Africa
         0³⁰: Mameluko
So 19.Okt 21³⁰: Tschako
Mo 20.Okt 21³⁰: Patricia Simpson
         0³⁰: Leo Bei
Di 21.Okt 21³⁰: Deeper Roots (Reggae)
         0³⁰: Gräfin Bessie von Brühl
Mi 22.Okt 21³⁰: Mameluko (Brazil)
         0³⁰: Oliver Grün (Blues)
Do 23.Okt 21³⁰: Hannibal Means & Kevin L
         0³⁰: Faustino (Flamenco)
Fr 24.Okt 21³⁰: Big Sissy
         0³⁰: Michael Pewny & Franky
Sa 25.Okt 21³⁰: Tschako
         0³⁰: Faustino (Flamenco)
So 26.Okt 21³⁰: Hannibal Means & Kevin L
Mo 27.Okt 21³⁰: Gräfin Bessie von Brühl
         0³⁰: Oliver Grün (Blues)
Di 28.Okt 21³⁰: Ronnie Urini
         0³⁰: Stefan Wagner & Bernhard
Mi 29.Okt 21³⁰: Kings of Africa
         0³⁰: Mameluko
Do 30.Okt 21³⁰: Hannibal Means & Kevin Lambert
         0³⁰: Faustino (Flamenco)
Fr 31.Okt 21³⁰: Tschako
         0³⁰: Venus (Bar-ty Music)

6. DEZ. 85   23⁰⁰
JAZZ RABBITS - 1

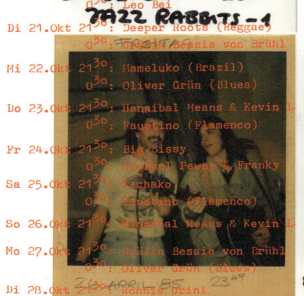

30.APRIL 85   23⁴⁹
STEFANO & JOE

SONNTAG

29. DEZEMBER 85   22⁴⁰
MOZART

MITTWOCH

DIENSTAG

6. AUGUST 85   22¹
HANSI CARUSO

DONNERSTAG

8. JÄNNER 86   22⁴⁰
SUMI & BAND

30. JÄNNER 86   23¹⁰
MARCELO

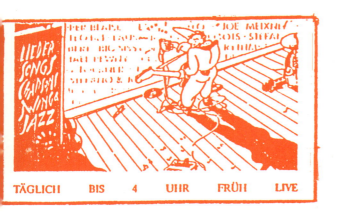

TÄGLICH BIS 4 UHR FRÜH LIVE

DIENSTAG

.JÄNNER 86   21⁵⁰
ICHAEL PEWNY + FRANKY

SAMSTAG

1. FEBRUAR 86   0¹⁰
MICHAEL PEWNY & FRANKY

SONNTAG

3. MÄRZ 85   0¹⁷
ZERBRECHLICHES GLEICHGEWICHT

DONNERSTAG

.JÄNNER 86   2¹⁵
WOLFGANG TOCKNER + SISSI

FREITAG

20. SEPTEMBER 85   22⁴¹
ANJA & GERI

SAMSTAG

18. JÄNNER 86   23²⁰
MARCELO

SONNTAG

.JÄNNER 86   23⁰⁰
MARCELO

FREITAG
1.11.85
MANUEL & FAUSTINO

MITTWOCH
18. DEZ 85 2⁰²
FRITZ STEINER DUO

MONTAG
23. DEZ 85 23⁰⁰
MICHAEL PEWNY

MONTAG
9. DEZ 85 23⁴⁰
FICHT. + MERL. TRIO

SAMSTAG
14. DEZ 85 1¹¹
HUBERT SULLIVAN

DONNERSTAG
19. DEZ 85 3⁰¹
TIM LAMBERT

DIENSTAG
17. DEZ 85 22⁵⁰
HANNIBAL + FRIEND
SAMSTAG
21. DEZ 85 3⁰⁰
KEVIN L. + FRIEND.

FREITAG
. DEZEMBER 85   1²⁰
AUSTINO & FRIENDS

FREITAG
27.DEZ.85   0⁵⁰
FAUSTINO + FRIENDS

.ROTER
Wein & L

DIENSTAG
4.DEZ 85   22²⁰
FAUSTINO + NACHO

FREITAG
18. OKTOBER 85   22⁴⁰
JAZZ RABBITS SALSA

MONTAG
.DEZ 85   23⁰¹
FRANKY

SAMSTAG
21.DEZ.85   22⁴⁰
BISMILLAH + DER WOLF

Mi 1.Okt	21³⁰ :	Tschako
	0³⁰ :	Gerald Holzinger
Do 2.Okt	21³⁰ :	Mato Grosso
	0³⁰ :	Gräfin Bessie von Brühl
Fr 3.Okt	21³⁰ :	Big Sissy
	0³⁰ :	Faustino
Sa 4.Okt	21³⁰ :	Faustino
	0³⁰ :	Leo Bei
So 5.Okt	21³⁰ :	Hannibal Means & Kevin Lambert
Mo 6.Okt	21³⁰ :	Deeper Roots (Reggae)
	0³⁰ :	Venus (Bar-ty Music)
Di 7.Okt	21³⁰ :	Stefano & Enzo
	0³⁰ :	Oliver Grün (Blues)
Mi 8.Okt	21³⁰ :	Big Sissy
	0³⁰ :	Leo Bei
Do 9.Okt	21³⁰ :	Faustino & Kevin
	0³⁰ :	Kathleen Dahl & Cl.Jelinek
Fr 10.Okt	21³⁰ :	Tschako
	0³⁰ :	Faustino (Flamenco)
Sa 11.Okt	21³⁰ :	Faustino & Manuel
	0³⁰ :	Mameluko
So 12.Okt	21³⁰ :	Hannibal Means & Kevin Lambert
Mo 13.Okt	21³⁰ :	Faustino (Flamenco)
	0³⁰ :	Elisabeth Kraschl
Di 14.Okt	21³⁰ :	Tschako
	0³⁰ :	Leo Bei
Mi 15.Okt	21³⁰ :	Hannibal Means & Kevin Lambert
	0³⁰ :	Gräfin Bessie von Brühl
Do 16.Okt	21³⁰ :	Faustino (Flamenco)
	0³⁰ :	Ronnie Urini

.ROTER ENGI
Wein & Liederbar

FREITAG
... JÄNNER 86   23⁰⁴
FAUSTINO + MANUEL

SAMSTAG
18. JÄNNER 86   3⁰¹
FAUSTINO + MANUEL

SAMSTAG
... JÄNNER 86   2⁴⁰
ARNULF MORELL

SAMSTAG
25. JÄNNER 86   23⁵⁰
FAUSTINO & MANUEL

SONNTAG
... JÄNNER 86   22⁴⁰
FAUSTINO

SONNTAG
2. FEBRUAR 86   22⁵⁰
FAUSTINO & MANUEL

```
          SAMSTAG
Fr  1.Aug 22⁰⁰: Michael Pewny & Franky
          0³⁰ : Joe & The Gremlins
Sa  2.Aug 22⁰⁰: Hannibal Means & Kevin
          0³⁰ : Bertl Mayer Trio
So  3.Aug 22⁰⁰: Tschako
Mo  4.Aug 22⁰⁰: Deeper Roots (Reggae)
          0³⁰ : Sunshine Kid
Di  5.Aug 22⁰⁰: Ronnie Weiss & Kevin
          0³⁰ : Bessie Brühl
          11. JÄNNER 86  0¹⁰
Mi  6.Aug 22⁰⁰: Kings of Africa
          FAUSTINO & FRIENDS (Swing)
          FREITAG
Do  7.Aug 22⁰⁰: Hannibal Means & Kevin
          0³⁰ : Oliver Grün (Blues)
Fr  8.Aug 22⁰⁰: Tschako
          0³⁰ : Mameluko (Brazil)
Sa  9.Aug 22⁰⁰: Uhuru (Black Music)
          0³⁰ : Bessie Brühl
So 10.Aug 22⁰⁰: Hannibal Means & Kevin
Mo 11.Aug 22⁰⁰: Christoph Rois (Boogie)
          0³⁰ : Oliver Grün (Blues)
          10. JÄNNER 86  3⁵⁰
Di 12.Aug 22⁰⁰: Michael Pewny (Boogie)
          FAUSTINO + FRIENDS (Piano)
Mi 13.Aug 22⁰⁰: Hannibal Means & Kevin
          0³⁰ : Mameluko (Brazil)
Do 14.Aug 22⁰⁰: Big Sissy
          0³⁰ : Leo Bei (Songs)
Fr 15.Aug 22⁰⁰: Kings of Africa
          0³⁰ : Joe Meixner & Kevin
```

AUG. 1986

Sa 16. Aug 22⁰⁰ : Bertl Mayer Trio
         0³⁰ : Mameluko (Brazil)

So 17. Aug 22⁰⁰ : Joe Meixner & Kevin

Mo 18. Aug 22⁰⁰ : Joe & The Gremlins
         0³⁰ : Leo Bei (Songs)

Di 19. Aug 22⁰⁰ : Hannibal Means & Kevin
         0³⁰ : Oliver Grün (Blues)

Mi 20. Aug 22⁰⁰ : Michael Pewny & Franky
         0³⁰ : Mameluko (Brazil)

Do 21. Aug 22⁰⁰ : Uhuru (Black Music)
         0³⁰ : Sunshine Kid (Country)

Fr 22. Aug 22⁰⁰ : Big Sissy
         0³⁰ : Joe Meixner (Swing)

Sa 23. Aug 22⁰⁰ : Kings of Africa
         0³⁰ : Bessie Brühl

So 24. Aug 22⁰⁰ : Hannibal Means & Kevin

Mo 25. Aug 22⁰⁰ : Deeper Roots (Reggae)
         0³⁰ : Kevin Lambert (Piano)

Di 26. Aug 22⁰⁰ : Kings of Africa
         0³⁰ : Leo Bei (Songs)

Mi 27. Aug 22⁰⁰ : Hannibal Means & Kevin
         0³⁰ : Joe Meixner (Swing)

Do 28. Aug 22⁰⁰ : Tschako
         0³⁰ : Michael Pewny (Boogie)

Fr 29. Aug 22⁰⁰ : Tschako
         0³⁰ : Wolfgang S. (Rockpiano)

Sa 30. Aug 22⁰⁰ : Big Sissy
         0³⁰ : Mameluko (Brazil)

So 31. Aug 22⁰⁰ : Hannibal Means & Kevin

DAS GANZE NÄCHSTE JAHR

Midi + Bruti = glücklich
= 387730%

...TER ENGEL.

So 16.Nov	21³⁰:	Hannibal Means & Kevin Lambert
Mo 17.Nov	21³⁰:	Faustino (Flamenco)
	0³⁰:	Bessie Gräfin von Brühl
Di 18.Nov	21³⁰:	Tschako ist in der Stadt
	0³⁰:	Wolfgang S. (Rockpiano)
Mi 19.Nov	21³⁰:	Big Sissy
	0³⁰:	Ronnie Urini and his Jazzhorn
Do 20.Nov	21³⁰:	Mato Grosso (Brazil)
	0³⁰:	Leo Bei und seine Gitarre
Fr 21.Nov	21³⁰:	Sumi & Friends
	0³⁰:	Faustino (Flamenco)
Sa 22.Nov	21³⁰:	Faustino & Manuel
	0³⁰:	Ronnie Urini and his Jazzhorn
So 23.Nov	21³⁰:	Hannibal Means & Kevin Lambert
Mo 24.Nov	21³⁰:	Leo Bei und seine Gitarre
	0³⁰:	Oliver Grün (Blues)
Di 25.Nov	21³⁰:	Deeper Roots (Reggae)
	0³⁰:	Wolfgang S. (Rockpiano)
Mi 26.Nov	21³⁰:	Stefano & Enzo
	0³⁰:	Leo Bei
Do 27.Nov	21³⁰:	Kings of Africa
	0³⁰:	Mameluko (Brazil)
Fr 28.Nov	21³⁰:	Tschako ist in der Stadt
	0³⁰:	Faustino (Flamenco)
Sa 29.Nov	21³⁰:	Big Sissy
	0³⁰:	Michael Pewny (Boogie)
So 30.Nov	21³⁰:	Hannibal Means & Kevin Lambert

LIEDER SONGS CHANSONS SWING & JAZZ

TÄGLICH BIS 4 UHR FRÜH LIVE

FASCHING IM BERMUDADREIECK

1., 2., 3. MÄRZ '87 ab 17ʰ

WIENER KASPERL
EIN MASKENFEST

KRAH KRAH • KAKTUS • MA PITOM
ROTER ENGEL • SALZAMT • STAMPERL
KUCHL DRAGONER • FROSCH-BEISL
RASPUTIN • S'PALATSCHINKENGARTL
ENJOY

KABARETT • LIVE MUSIC •
VARIETÉ • PANTOMIME
• ZAUBERER
• JONGLEURE
• FEUERSCHLUCKER

GROSSES GEWINNSPIEL
PREISE IM WERT VON S 150.000,-

IMPRESSUM: IG BERMUDA DREIECK-ALTSTADT

1987

FASCHING IM BERMUDADREIECK

Im Februar 1987 trieb es, wie man auf dem Foto sieht, unser damaliger Bürgermeister Dr. Helmut Zilk ziemlich bunt am von Sepp Fischer und mir initiierten „Fasching im Bermudadreieck". Es wurde über Jahre zum größten Faschingsfest von Wien.

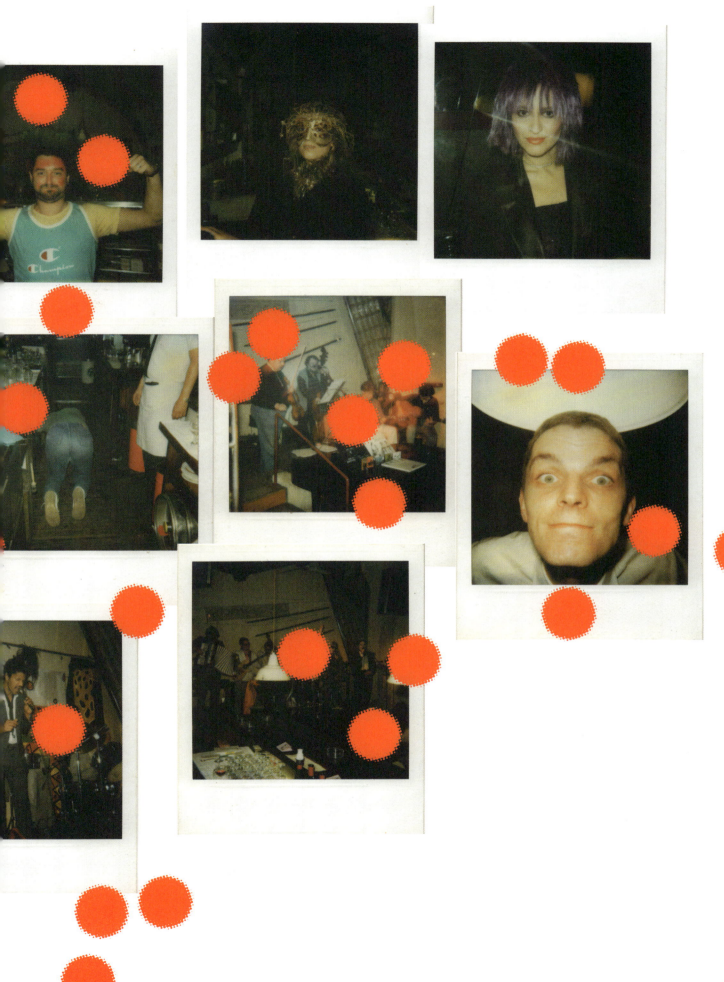

Westpremiere

Vorstellungen Sonntags
1.,8.,15.,22.,29.Mai 1988
Beginn:19.30 Uhr
Karten:100.-/80.-Z-Club

Reservierung:Roter Engel,Wien 1,Rabensteig 5,Tel.535 4105

OPHELIA

Perestroika im Roten Engel.

ОФЕЛИЯ

Opera in blue

Musik:Sergej Dreznin
Texte: William Shakespeare
Regie:Sergej Dreznin und Andrej Mailunas
Kostüme:Maria Lozina
Besetzung:Krassnij Angel Company

Gernot J. Brand,Madeleine Dahlberg,Susi Dengler,Sergej Dreznin,
Glenn Fisher,Thomas Frank,Tania Golden,Kevin Lambert,Maria Lozina,

1988

25. APRIL: WEST PREMIERE VON SERGEJ DREZNINS „OPHELIA"

Was jahrzehntelang undenkbar war, war plötzlich realisierbar: Ein russischer Künstler durfte sein Werk legal außerhalb der Sowjetunion aufführen. Als mir SERGEJ DREZNIN seine „Ophelia" vorspielte, war ich von der Musik und von der Idee beeindruckt. Und ich war fasziniert von der Möglichkeit, die Westpremiere von „Ophelia" in Wien stattfinden zu lassen und damit jene unsinnige Wand zu durchlöchern, die das gegenseitige Kennenlernen in den letzten fünfzig Jahren verhindert hat. Es war ein unglaublicher Erfolg. 14 ausverkaufte Vorstellungen, gute Kritiken in Wien und eine hervorragende in der *Herald Tribune*. Diese wunderbare Oper wird heute noch in Paris und in New York mit großem Erfolg aufgeführt.

WESTPREMIERE

„OPHELIA – OPERA IN BLUE"
VON SERGEJ DREZNIN

EINLADUNG

WIR MÖCHTEN SIE HERZLICH ZUR GESCHLOSSENEN PREMIERE VON

SERGEJ DREZNIN'S „OPHELIA – OPERA IN BLUE"

AM MONTAG, DEM 25. APRIL 1988
UM 19.30 UHR
EINLADEN.

ORT: „ROTER ENGEL", 1, RABENSTEIG 5. TEL.: 535 41 05

MICHAEL SATKE					SERGEJ DREZNIN

ROTER ENGEL

WER IST SERGEJ DREZNIN ?

Sergej Dreznin ist 1955 in Moskau geboren und wuchs in einer sehr kulturbegeisterten Familie auf. Sein Diplom in Komposition und Klavier machte er an der Staatlichen Musikhochschule in Moskau, es folgten zwei Jahre Klavier-Meisterklasse. Während einer einjährigen Tournee durch die Sowjetunion gab er über 200 Klavierkonzerte, für seine Kompositionen wurde er mehrfach ausgezeichnet.

"OPHELIA" - EINE CHANCE

Was jahrzehntelang undenkbar war, ist plötzlich realisierbar: ein russischer Künstler darf sein Werk legal außerhalb der Sowjetunion aufführen. Als mir Sergej Dreznin seine "Ophelia" vorspielte, war ich von der Musik und von der Idee beeindruckt. Und ich war fasziniert von der Möglichkeit, die Westpremiere von "Ophelia" in Wien stattfinden zu lassen und damit jene unsinnige Wand zu durchlöchern, die das gegenseitige Kennenlernen in den letzten 50 Jahren verhindert hat. Wien und besonders der "Rote Engel" muß jede Gelegenheit ergreifen, als Bindeglied zwischen Ost und West, als kreativer Katalysator zu fungieren. Gerade als kleines Land sollte es uns interessieren, was rund um uns passiert. So ist die Westpremiere der "Ophelia" auch eine außergewöhnliche Chance kultureller Begegnung, eine aufregende Gelegenheit, sich mit den Gefühlen und der Kreativität eines jungen, sowjetischen Künstlers auseinanderzusetzen.

MICHAEL SATKE

.ROTER ENGEL.

PREMIERENPROGRAMM

Montag, 25. April 1988

Beginn: 19.30 Uhr

TEIL I:

"OPHELIA - OPERA IN BLUE"
von Sergej Dreznin

On stage: KRASSNIJ ANGEL COMPANY

TEIL II:

"POWJASCHENIJE" -
"DEDICATION" AN MOSKAU, WIEN UND NEW YORK
eine Musikrevue

Dreznin meets Bach
Jazz meets Swing
Hamlish meets Gershwin
Soul meets Blues
Lennon meets Wagner

On stage: KRASSNIJ ANGEL COMPANY
Special guests: HANNIBAL MEANS(USA), PAT CAYE(USA), SARAH BARRETT(USA)

TEIL III:

MICHAEL SATKE und SERGEJ DREZNIN bitten Sie zur PREMIERENFEIER.

"ROTER ENGEL", Wien 1, Rabensteig 5. Telefon: 535 41 05.

Sollten Sie noch weitere Informationen benötigen, stehen wir Ihnen gerne zur Verfügung: Büro Michael SATKE (Dr.Nicole Schmidt), Tel.: 757042.

OPHELIA - OPERA IN BLUE   "MÜSSEN WIR ERST VER - ROCKT WERDEN,

Music
Will

THOMA
GERNO
PAUL
MARCU
TANIA
SUSI

MADEL
SERGE
GLENN
KEVIN
GERY
MISHA

MARIA LOZINA

Licht & Ton:
ALEXANDER KOVACSIK

Special Thanks to:
LENA ILGISONIS, ANDREJ MAYLUNAS,
ALEXEJ LEVINSKIJ (Moskau)

sie mit Benimmvorschriften und moralischen
Regeln - in Wahrheit inhaltsleeren, abge-
nutzten Phrasen. Ophelias Geist ver-rückt
sich, hält dem Druck der "normalen", sinn-
entleerten Umwelt nicht stand. Ihr Geist
verdunkelt sich, gleichzeitig aber fühlt
sich ihre Seele zum ersten Mal frei. -

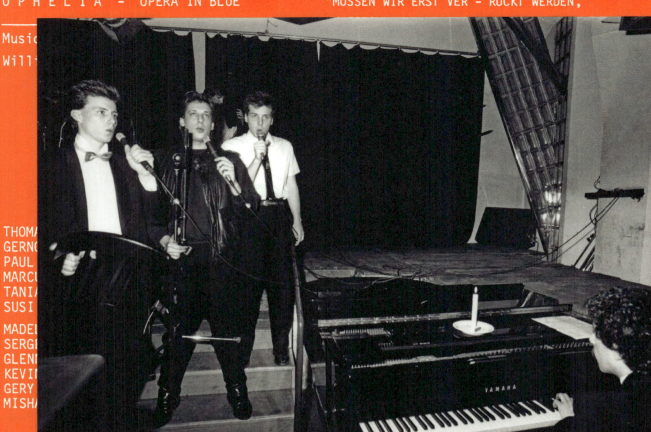

Szene — Die Jugendseite

Westpremiere eines jungen Komponisten:
Russisches Musical mit NÖ-Besetzung

„Perestroika" im Wiener Bermuda-Dreieck: die Westpremiere eines Musicals aus der Feder eines russischen Komponisten findet in Wien statt. Und ein junger Niederösterreicher mischt im Ensemble mit.

„Ophelia — Opera in Blue", komponiert von dem jungen Moskauer Sergej Dreznin, hält ab dem ersten Takt in Bann. Das Musical, nach Originaltexten aus Shakespeares „Hamlet", thematisiert die seelische Sprachlosigkeit des Menschen. Die vier Darsteller singen gegeneinander und aneinander vorbei. Das Publikum ist durch die dichte Dramatik der Musik mit auf der Bühne. Unter den vier Darstellern, die derzeit im Wiener In-Beisel „Roter Engel" mit großem Engagement und kleiner Gage die „Ophelia" auf die Bühne bringen, findet sich auch ein Niederösterreicher: Gernot J. Brand, der eigentlich Gernot Jedlicka heißt, drückt derzeit noch am Wiener Musikkonservatorium die Schulbank. Er singt mit Sinatra-Bariton den Laertes, den Bruder der „Ophelia".

Das russische Musical, das sehr westlich klingt (mal hört man Gershwin, mal Lennon, mal Kurt Weill heraus und dann könnte es wieder „Jesus Christ Superstar" sein), ist im Mai jeden Sonntag ab 19.30 Uhr im Roten Engel, Wien I, Rabenstein 5, Tel. 5354105, zu sehen. Karten: 100 S/80 S mit Z-Clubkarte.

„Ophelia"-Komponist Sergej Dreznin.

„Vorwärts in die Fifties" nicht nur Oldie-Programm:

Die Schüler über 2.000 Referate

Mehr als 2.000 Reden wurden bei 200 Veranstaltungen im Rahmen des Landes-Redewettbewerbes '88 gehalten. Das große Finale fand in St. Pölten statt.

Den folgenden Landessiegern konnten Landeshauptmann Ludwig und Landesrat Prokop

Gruppe „Offener Bewerb": Franz Huber, Pernegg.
Gruppe „Bäuerliche Jugend": Leopold Gruber-Doberer, Ruprechtshofen.
Gruppe „Berufsschulen": Ulrike Resch, Kematen.
Gruppe „Mittlere Schulen":

1 AFRICA — Peru
2 YIASOU — Curacao
3 FASTER AND FASTER — Opus
4 TELL IT TO MY HEART
6 SHE'S LIKE THE WIND — Patrick Swayze
7 TOGETHER FOR EVER — Rick Astley
8 THE SOUND OF VIENNA — J. Feliciano/Vienna Proj.
9 DANCING ON FIRE

Roter Engel: „Ophelia" von Sergej Dreznin

Shakespeare in neuem Gewand

Von E. Baumgartner

Wer bisher meinte, Musical sei Sache der Amerikaner und Engländer, hat Grund umzudenken: Sergej Dreznins „Ophelia" kommt aus der Sowjetunion und schlägt die westlichen Kommerzprodukte à la Webber um Längen. Im Wiener In-Lokal „Roter Engel" wurde das in Moskau uraufgeführte Stück erstmals im Westen vorgestellt, und zwar, das sei vorweggenommen, in einer den finanziell wie räumlich engen Umständen entsprechend guten Aufführung.

Die Worte stammen aus Shakespeares „Hamlet", die Text-Collage besorgte der Komponist selbst: Dreznin reduziert das Drama auf die Ophelia-Tragödie und vier Personen, nämlich Ophelia selbst, Hamlet, Polonius und Laertes. Er zeigt, wie das Mädchen am lieblosen Unverständnis seiner Umwelt zerbricht; einer Umwelt, die statt Gefühlen bloß Lehren und Doktrinen kennt. Stoff für ein Musical? Aber diese Bezeichnung ist ohnedies nur eine Krücke.

Eher handelt es sich um eine Art Kammeroper für Musical-Kräfte, der man auf ihre kurze Dauer von knapp 45 Minuten Takt für Takt anmerkt, daß Sergej Dreznin auch ein „klassischer" Komponist ist: Warme, schwärmerische Melodik vor allem im (von Madeleine Dahlberg makellos gespielten) Horn, harte Ostinati, grimassierende Rhythmen und eine klare, herbe Instrumentierung — all das steht selbst in ausgesprochenen schlagerhaften Passagen Schostakowitsch oft näher als dem Musical herkömmlicher Machart. Und es ist eigenständig, originell, sogar faszinierend.

Die Besetzung in durchaus wertender Reihenfolge: Susi Dengler, deren Ophelia Format besitzt und ein echtes Musical-Talent ankündigt; Thomas Nistler als Laertes gab ebenfalls eine ausgezeichnete Vorstellung; und auch Thomas Frank (Polonius) und Markus Petek (Hamlet) interpretierten ihre Parts weitgehend zufriedenstellend. Regie führte der Komponist, der auch das fünfköpfige Instrumentalensemble vom Klavier aus leitete.

Der Traum des amerikanischen Komponisten und Dirigenten Leonard Bernstein von einer Oper auf der Basis des Musicals wurde realisiert: Von Sergej Dreznin, einem sowjetischen Komponisten.

1990

ROTER ENGEL GALA '90

Bei der ROTEN ENGEL GALA '90 traten nur Künstler auf, deren musikalische Laufbahn im Roten Engel begann. Die ROTE ENGEL GALA '90 fand am 6. März 1990 statt. Alle, die dort waren, wissen, es war eines der schönsten Musikfeste Wiens. Wir feierten das 1. Jahrzehnt ROTER ENGEL (1981–1990).

Das Unmögliche gelang: Zwölf Musikgruppen und der „Rote Engel Chor" groovten zwischen 20.05 Uhr und 4.16 Uhr ohne menschliche und technische Pannen. Dass dies gelang, verdanke ich der heroischen Mitarbeit von Erwin Reithmeier am Tonpult, Charly Apfelbeck am Lichtpult und Peter Pulker, der für den technischen Umbau und die persönliche Betreuung der Musikerinnen und Musiker verantwortlich war. Für den hochprofessionellen Mitschnitt und die liebevolle, wahrscheinlich akribische, weil so lang dauernde Mischung möchte ich Herwig Ursin (Hey-U-Records) und allen Musikerinnen und Musikern, die diesen Abend zum Ereignis machten, danken.

DAS LIED

TEXT: TSCHAKO

Diese Jahre – wunderbare –
gingen unter Haut und Haare –
Ja, die gingen uns in Blut.
Von der Bühne – kamen Töne –
manchmal ziehen wir den Kopf ein –
meistens ziehen wir den Hut.

Wir sind alle Engel –
und der Teufel der kriegt Prügel –
wo Musik ist, lass dich nieder
und das tun wir immer wieder
Wir sind alle Engel –
haben zwar nur einen Flügel –
doch wir spielen und wir toben –
hier im roten Himmel oben.

Ob Rock 'n' Roll – ob Kabarett –
mal laut – mal leise – manchmal weise –
immer rennt der Mörder Schmäh.
Schrille Typen – schräge Vögel
ja, die netteste Palette
gibt sich hier ein Tête-à-tête.

Wir sind alle Engel –
und der Teufel der kriegt Prügel –
wo Musik ist, lass dich nieder
und das tun wir immer wieder
Wir sind alle Engel –
haben zwar nur einen Flügel –
doch wir spielen und wir toben –
hier im roten Himmel oben.

Ein Geschenk von Tschako zur ROTEN ENGEL Gala, gesungen vom Engel-Chor.

BACKSTAGE

BACKSTAGE

DAS KONZERT
10 JAHRE ROTER ENGEL

ETTA SCOLLO
ANDY BAUM
MO

THREE GIRL MADHOUSE • TSCHAKO
KIM COOPER DARKTOWN WHITEBOYS

MITTWOCH, 29. MAI 19 UHR
CA-ZELT

Karten: öS 180,–

Vorverkauf:

ROTER ENGEL

1., Rabensteig 5, Tel. 535 41 05

In jeder CA-Filiale in Österreich. Ermäßigte Karten für Mitglieder des Vereins Junge CA. Jugend-Info 1., Bellariapassage, Tel. 96 46 37, MEKI Schallplatten 1., Morzinplatz 3, Tel. 533 43 09, ATLANTIS Schallplatten 1., Mariahilferpassage, Tel. 587 31 95, MEKI Schallplatten 4., Operngasse 14, Tel. 586 23 64, DOME Music&Video 1., Haashaus, Tel. 535 53 70/10

TICKETEXPRESS Tel. 505 23 24

Karten per Post. Auch mit Ihrer Kreditkarte. Mo–Fr 9–19 Uhr

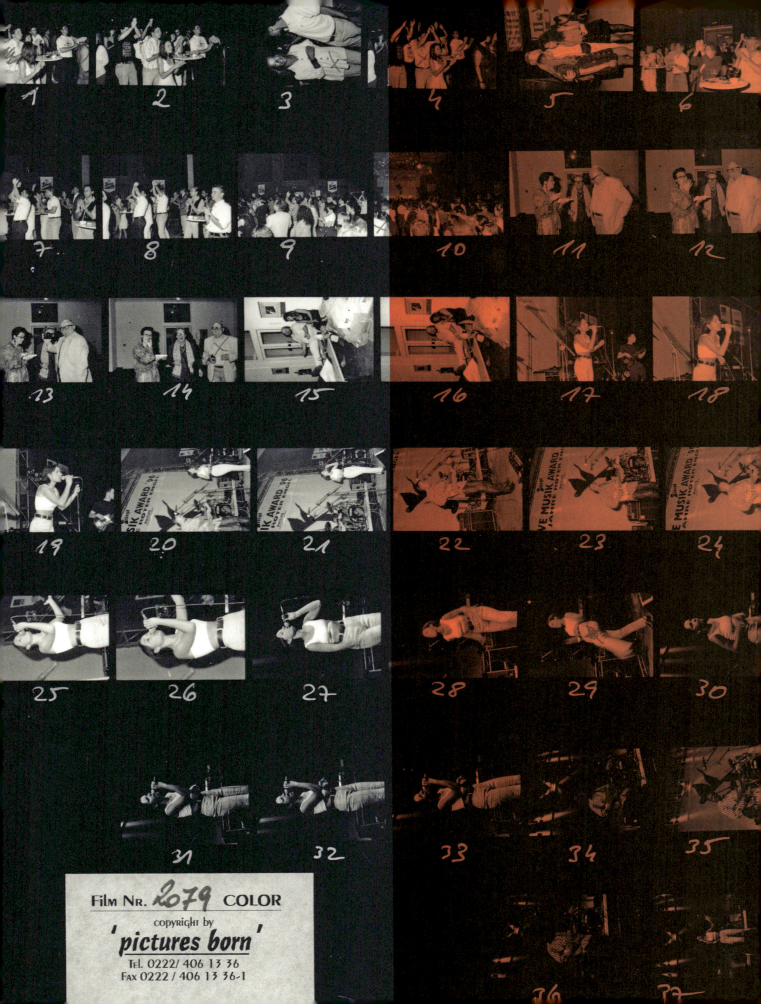

1996

DER LIVE MUSIK AWARD

ROSENHÜGEL 1996

Mit dem Live Musik Award wollte ich die österreichische Livemusik-Szene an die Öffentlichkeit bringen, sie sichtbar und hörbar machen. Nach zwölf harten Ausscheidungsrunden im Roten Engel, mit mehr als zwanzig Bands (die einzige Bedingung war, dass die Musiker in Österreich leben mussten), kamen drei in den Schlusswettbewerb. Heißer Ort der Auseinandersetzung war die wunderbare Tonstudiohalle am Rosenhügel, in der die beste Jury ihr fast einstimmiges Urteil traf. Paradise Now waren die Winner. Die Presse, das Fernsehen und Radio waren ausnahmsweise gnädig. Es gab eine tolle Berichterstattung über den Live Musik Award 96 und die Sieger.

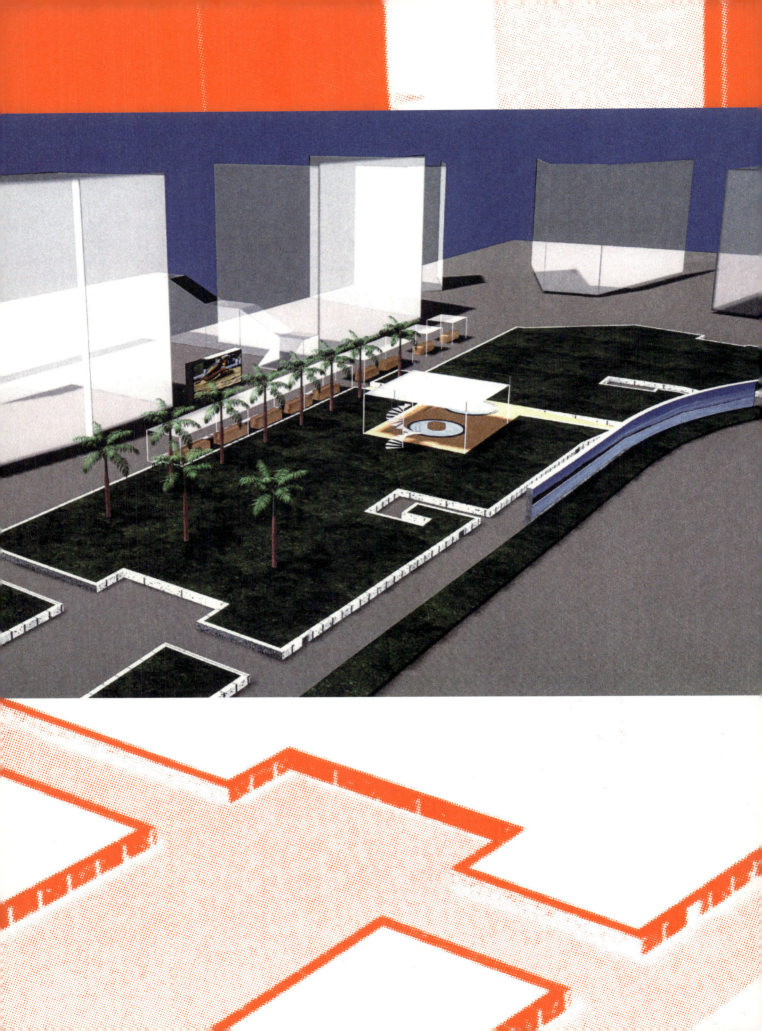

1996

SUMMER IN THE CITY

Die erfolgreichen Outdoor-Sommerfestivals, Rathausplatz und Summerstage, wirkten sich auf die Umsätze der Gastronomie im Bermudadreieck nicht gerade positiv aus. Es musste etwas geschehen.

So entwickelte ich die „Summercity". Sie sollte ein vergnüglicher Ort sommerlicher Entspannung am Franz-Josefs-Kai werden, angereichert mit der Übertragung der Olympischen Spiele in Atlanta auf Großvideowand und Watersports und Waterart.

Dafür bauten wir eine Tageslicht-Videowall, einen großen Pool, ein Biotop mit einer Water-Bar und darüberliegender Sonnenterasse. Zwölf Gastronomiestände der Wirte des Bermudadreiecks, 200 Liegestühle auf der Liegewiese und eine Menge Technikcontainer: mit Gläserwaschstraße, Videotechnik, Haus- und Wassertechnik und Waschräumen mit Toiletten. Wir hatten den schlechtesten Sommer seit langem, mir 53 Prozent Regentagen, trotzdem schrieb der Roter Engel schwarze Zahlen.

1997

SUMMER IN THE CITY
HONGKONG MEETS VIENNA

Die Idee für diesen Sommer-Outdoor-Event lieferte die Übergabe von Hongkong an China. Es war das spannendste politische Ereignis von 1997.

EIN SLOW-DOWN-PROGRAMM

- Videowall und zwölf Monitore: Übertragung der Übergabefeiern aus Hongkong, chinesische Filme, chinesische Musikvideos.
- 150 Gratis-Liegestühle.
- Meditation im Stehen: Gako Kyudoja – die Kunst des japanischen Bogenschießens.
- Meditationsarea mit Unterricht in Tai-Chi, Wushu, Shambala. Massagezelt mit Shiatsu.
- Ein Art Zelt mit Blumensteckkunst, Teezeremonie, Zen Zen, Tuschemalerei.
- Chinesische Art Wall für Ausstellung zeitgenössischer chinesischer Kunst.
- Chinesisches Horoskop-Zelt.
- Täglicher Drachentanz.
- Drachensteigen für Kinder.

KULINARIK

- **HONGKONG:**
Kanton-Küche Dim Sum, Peking-Küche, Shanghai-Küche, koreanische & vietnamesische Küche, Sushi Bar.

- **VIENNA:**
Wiener Café-Konditorei mit Eis- und Fruchtsaft-Bar, Wiener Heuriger, Wiener Bierlokal und Wiener Suppen- und Rindfleisch-Restaurant.

- Rote Fahnen für den Roten Engel.

ROTE ENGEL CDS

- **LP ROTER ENGEL 1982**
Diese LP war die erste Dokumentation der Livemusik im Roten Engel, verlegt von Desaster Unlimited. Passte doch!

- **SINGLE PETER WEIBEL 1983 / DEAD IN THE HEAD**
Ich war stolz, dass ich Peter Weibels erste Veröffentlichung mit dem Hotel Morphelia Orchester produziert habe. Kaum auf dem Markt, wurde von der „Musikindustrie" sofort eine LP veröffentlicht.

- **SINGLE RONNIE URINI 1986 / SAIL SHIP**
Er war ein Hero des Wiener Undergrounds. Welche Schmach! SAIL SHIP landete auf Platz vier der österreichischen Hitparade.

- **CD ROTER ENGEL GALA 1990**
Dieses einmalige Dokument eines wahnsinnigen Musikabends wurde nur durch den Roten Engel Chor getoppt.

- **CD LIVE MUSIK AWARD 1996**
Die Sieger waren PARADISE NOW. Ihr Traum mit dem Sieg dieses Awards, promotet von der EMI, einen europäischen Durchbruch zu schaffen, hat sich nicht erfüllt. Es war aber für alle Teilnehmer eine aufregende und spannungsgeladene Wettbewerbs(schlacht)nacht.

1982
1983
1986
1990
1996

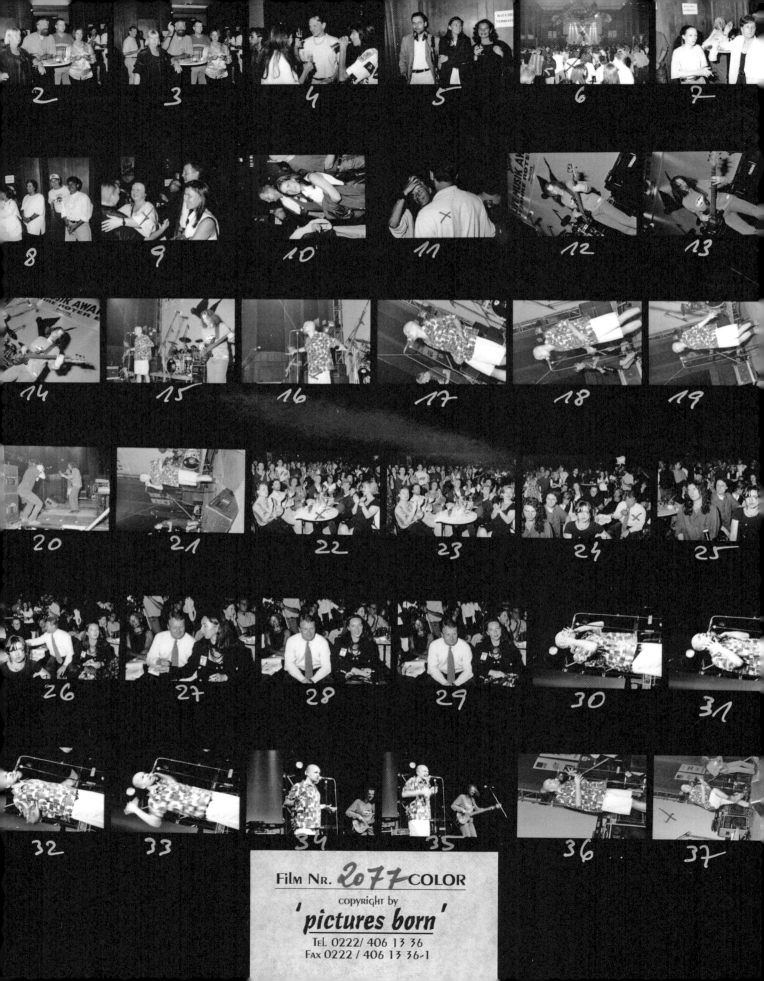

WOLFGANG BENEDER IN
LEO BEI MARKUS EIBLMA
BRÜNDLMAYER SHLOMIT B
STAPPEN WINFRIED GRUB
HUBSI KRAMAR KEVIN LAN
MIKI MALÖR GÜNTER N
GÜNTHER 'GUNKL' PAAL BE
SPACEK-SIDON RUDI STAN
THOMAS M. STROBL ALEX
VIKTOR GERNOT PETER WE

RID CAVEN ANDY BAUM
R MARIO BOTTAZZI WILLI
BUL **3.** ETTA SCOLLO GAJUS
R HUBERT VON GOISERN
ERT CHRISTIAN KOLONOVITS
KESCH JOSEF NÖBAUER
ND RENGELSHAUSEN HEIDI
EL **LIEBESERKLÄRUNGEN**
NDERSCHUKOFF TSCHAKO
EL LUDWIG 'WICKERL' ADAM

WOLFGANG BENEDER JUHU 1991

EIN 10-JAHRES-GESPRÄCH

Beneder: „Ich weiß nicht, wie ich anfangen soll!"
Satke: „Fang mit ‚JUHU' an."
Beneder: „Danke!"

JUHU – ein Glückstag für die österreichische Musikszene war dieser Maitag 1981, als Michael Satke seinen Roten Engel eröffnete. Es soll damals ein tolles Fest gewesen sein und ich weiß, dass man denen, die dabei waren, das ruhig glauben kann.

SCHADE – ich war nicht dabei.

Ich kam erst 1983 als Geschäftsführer ins Team. Mit dem Gastgewerbe vertraut, aber im Musikgeschäft ein Greenhorn, erlag ich binnen kürzester Zeit der Faszination dieser einmaligen Mischung aus Weinbar und Livebühne. Der Michael hatte da etwas ausgelöst und die Sache wurde immer heißer und immer aufregender.

Junge Musiker – und manchmal auch solche, die sich dafür hielten – stürmten unsere Auditions, um im Engel aufzutreten.
Und siehe da: In Wien gab's eine Musikszene – und keiner hatte es gemerkt. Endlich gab es die Chance, sein Können zu zeigen bzw. es am „lebenden Objekt" auszuprobieren.
Raus aus dem Proberaum – rein in den Roten Engel. Und was da alles vom Stapel lief:
Da waren zum Beispiel… – doch halt! Die endlos lange Liste der Musiker und Kellner, die den Engel erst zum Erfolg machten, finden sie an einer anderen Stelle in diesem Buch.

Es war eine tolle Zeit:
Abend mit 250 Gästen (und ich weiß nicht, wie die da reingepasst haben), die auf Sesseln, Tischen und an der Bar stehend ausflippten, und Abende, an denen zum Beispiel ein japanischer Gitarrist das Lokal leerfegte, bis nur noch die Angestellten anwesend waren (der Mann war nicht zu bremsen und zog sein Programm bis zum bitteren Ende durch. Gott sei Dank ohne Zugabe). Trotzdem scheuten wir uns nicht, auch dem Ausgefallenen und Unkommer-
ziellen immer wieder eine Chance zu geben.
Ein heute sehr bekannter Musiker pflegte zum Beispiel die Lokaltüre zu versperren und das Publikum mit irrwitzigen Aktionen zu „martern".

Wie gesagt, es war eine tolle Zeit und jetzt sollen schon zehn Jahre vergangen sein? Das gibt's doch nicht!

JAHRE SPÄTER

Ich liebte die Musiker – die meine Freunde wurden –, ich liebte die besondere Atmosphäre, wenn das Lokal bis auf den letzten Platz voll war – ich liebte die Spannung, ob und wie die von mir gecasteten Auftritte beim Publikum ankommen würden.

Und dieses Publikum war beinhart. Wer es nicht schaffte, es in seinen Bann zu ziehen, wurde mit Nichtbeachtung gestraft und der Geräuschpegel im Raum übertönte den der Bühne. Und es gab durchaus einige, die scheiterten. Viele jedoch wurden gefeiert und ihre Auftritte gestürmt.

Sehr viele der Musiker kamen auch in den Engel, wenn sie keinen Auftritt hatten. Sie hörten sich die „Kollegen" an, stiegen bei deren Gigs ein oder holten sich Ideen für neue Gruppierungen.

Der Engel war (m)eine Familie. Musiker, Stammgäste und Mitarbeiter/Gastgeber. Es war nicht nötig, eine Verabredung zu treffen – es waren ohnehin immer fast alle da.

Es war eine irre Zeit. Nie gingen uns die Ideen aus. Uns war nix zu blöd. Alles wurde probiert. Kein Einfall war zu schräg oder schien uns undurchführbar. Das Einzige, das keinen Platz hatte, war LANGEWEILE.

Hier das alles aufzulisten ist nicht möglich und auch nicht gewollt – das alles finden die Leserinnen und Leser an anderer Stelle in diesem Buch.

Michael Satke ist zu meinem Lebensmenschen geworden und in den folgenden Jahren durfte ich mit ihm noch viele andere spannende Projekte entwickeln und durchziehen. Die Zeit im „Engel" betrachte ich aber heute noch als die schönste und aufregendste in meinem Leben. Danke, Michael, dass wir zwei Irren das miteinander leben konnten.

FACEBOOK.COM

LIEBE KOMMT

TEXT & MUSIK:
PEER RABEN

Wozu sind Worte
Die man nicht sagt?
Was bringt ein Spiel
Das man nicht wagen will?
Wie fest steht die Erde
Wenn sie sich dreht?
Was macht der Wind
Wenn er nicht weht?

Liebe kommt, Liebe geht
Wie die Sonne am Himmel sich wendet!
Liebe kommt, Liebe geht –
Und was bleibt, und was bleibt
Wenn sie endet?
Nimm das Glück, wo's dir lacht!
Glück ist Gold
Gold ist Macht –
Liebe kommt
Liebe geht!
Lalala
Lalala
Lalala

WWW.INGRIDCAVEN.INFO

ANDY BAUM 1991

EIN 10 JAHRES STATEMENT

Man muss schon ein bisschen verrückt sein, um im Musikland Österreich Musik zu machen, und man muss nicht minder verrückt sein, um diesen Verrückten wiederum ein Podium zu schaffen. Wie verrückt man aber sein muss, dies allen Widerständen zum Trotz über Jahre hinaus zu tun, können nur die direkt Betroffenen und vielleicht noch die „Meldezettelbesitzer" abschätzen.

Ich habe den Roten Engel schlicht und einfach gerne. Er war eine der großen Inseln auf meiner noch lange nicht abgeschlossenen Entdeckungsreise – lustvoll, schmerzhaft und immer wichtig.

Ich glaube nicht so recht an die „Funktion" des Entdeckers, aber jemanden, auf den man aufmerksam geworden ist, die Möglichkeit zu geben, auf sich aufmerksam zu machen, daran glaube ich.

Und genau das passierte im Roten Engel. So viele Leute, die heute fester Bestandteil der sogenannten „Szene" sind, habe ich dort zum ersten Mal gesehen.

Der Rote Engel hat seit seinen Anfängen viel gelernt und er muss noch vieles lernen. Mir gefällt das sehr gut, weil er sich damit in bester Gesellschaft befindet, in Gesellschaft derer, die in ihm auftreten.

Alles Gute zum 10. Geburtstag!

P.S.: Ich liebe es einfach, wenn es „menschelt" auf der Bühne, darum komme ich immer wieder.

WWW.ANDYBAUM.AT

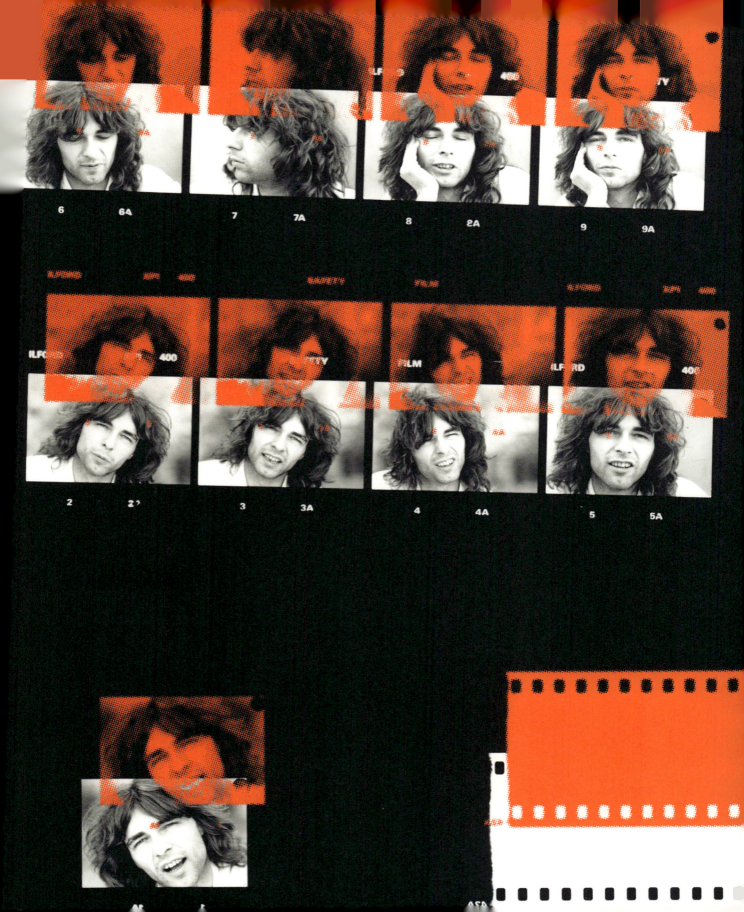

Wein & Liederbar

Di	1.April	21³⁰: Leo Bei (Songs)
		0³⁰: Andreas Hutter (Piano)
Mi	2.April	21³⁰: Two of You (Songs)
		0³⁰: Eduardo Martinez (Gitarre)
Do	3.April	21³⁰: Deeper Roots (Reggae)
		0³⁰: Wolfgang Tockner (Piano)
Fr	4.April	21³⁰: Mameluko (Brazil)
		0³⁰: Faustino (Flamenco)
Sa	5.April	21³⁰: Faustino (Flamenco)
		0³⁰: Bessie Brühl (Rock)
So	6.April	21³⁰: Hannibal Means & Kevin Lambert
Mo	7.April	21³⁰: Arthur Fandl (Lieder)
		0³⁰: Oliver Grün (Blues)
Di	8.April	21³⁰: Michael Pewny (Boogie)
		0³⁰: Hubert Sullivan (Lieder)
Mi	9.April	21³⁰: Bertl Mayer Trio
		0³⁰: Kevin Lambert (Piano)
Do	10.April	21³⁰: Hannibal Means & Kevin
		0³⁰: Faustino (Flamenco)
Fr	11.April	21³⁰: Faustino (Flamenco)
		0³⁰: Leo Bei (Songs)
Sa	12.April	21³⁰: Sumi & Friends
		0³⁰: Wolfgang Tockner (Piano)
So	13.April	21³⁰: Hannibal Means & Kevin
Mo	14.April	21³⁰: Leo Bei (Songs)
		0³⁰: Kevin Lambert (Piano)
Di	15.April	21³⁰: Oliver Grün (Blues)
		0³⁰: Wolfgang Tockner (Piano)
Mi	16.April	21³⁰: Faustino (Flamenco)
		0³⁰: Dieter Thoma (Piano)
Do	17.April	21³⁰: Hannibal Means & Kevin
		0³⁰: Leo Bei (Songs)
Fr	18.April	21³⁰: Rythms d'Afrique
		0³⁰: Faustino (Flamenco)
Sa	19.April	21³⁰: Mameluko (Brazil)
		0³⁰: Oliver Grün (Blues)
So	20.April	21³⁰: Venus feat. Ronnie Urini
Mo	21.April	21³⁰: Faustino (Flamenco)
		0³⁰: Wolfgang Tockner (Piano)
Di	22.April	21³⁰: Bessie Brühl (Rock)
		0³⁰: Dieter Thoma (Piano)
Mi	23.April	21³⁰: The Lambert Family Special All-Nite Jazz Show
Do	24.April	21³⁰: Deeper Roots (Reggae)
		0³⁰: Kevin Lambert (piano)
Fr	25.April	21³⁰: Hannibal Means & Kevin
		0³⁰: Wolfgang Tockner (Piano)
Sa	26.April	21³⁰: Michael Pewny & Franky
		0³⁰: Surprise
So	27.April	21³⁰: Venus feat. Ronnie Urini
Mo	28.April	21³⁰: Leo Bei (Songs)
		0³⁰: Wolfgang S. (Rockpiano)
Di	29.April	21³⁰: Rythms d'Afrique
		0³⁰: Kevin Lambert (Piano)
Mi	30.April	21³⁰: Faustino (Flamenco)
		0³⁰: Wolfgang Tockner (Piano)

LEO BEI 2017

EIN MAGISCHER ORT

Die Verbundenheit ist ein Luder. Und die Gewohnheit. Und die Erinnerung. Und sie sind artverwandt. Vor allem lassen diese drei Dinge Rückschlüsse auf den Menschen, der sie durchläuft, zu.

Wenn ich heute ins Studio gehe, ertappe ich mich oft dabei, dass ich „ich geh jetzt in die Zollergasse" sagen will, obwohl ich dort seit 2001 ausgezogen bin. Als Adresse möchte ich hie und da noch die Adresse meiner Eltern auf der Wieden angeben, obwohl ich dort seit 1980 nicht mehr wohne, und wenn meine Frau sich nach der Location eines Club-Gigs erkundigt, fließen die Worte „im Roten Engel" wie von selbst aus meinem Mund.

Der Rote Engel war mir seit den frühen Achtzigern der liebste Platz im damals erblühenden Wien – der Treffpunkt mit Freunden, eine nachmittägliche Zuflucht, wenn ich ein Klavier zum Komponieren und ein Frühstück gebraucht habe, meine kleine private Hausbank, der Ankerplatz zu jeder nur erdenklichen Zeit und sowas wie ein Zuhause. Wann immer ich an meine Zwanziger denke und dabei John Lennons „In My Life" summe, erscheinen all jene mit diesem Ort persönlich assoziierten Menschen, unglaublich wunderbare lange Nächte, Auftritte ab 0:30 Uhr in der Früh (genannt Nachtschicht – meine liebste Spielzeit übrigens), herrliche Rendezvous und Schmähführen bis zum Abwinken, aber auch sehr ernste und wichtige Gespräche, die ich im Engel, meist auf den Stufen, die rechts neben der Bühne mit zwei Tischen auf den breiteren Treppenabsätzen platziert waren und in einem, ich nenne es einmal Sack-Gang, geendet haben, geführt habe, vor meinem geistigen Auge und meine Seele wird von einem unglaublich schönen Gefühl umarmt. Es war ein Geschenk und wird es wohl auch immer bleiben.

Dieser nahezu magische Ort hat mich menschlich wie auch künstlerisch geformt und deshalb – danke Michael, Wolfgang, Konstanze, Schachi, Bodo, Ide und allen, die ich hier schon allein aus Platzgründen nicht aufzählen kann, dafür. Ihr werdet immer tief bei mir in meinem Herzen und ein wichtiger und eigentlich unersetzbarer Teil meines Lebens sein.

FACEBOOK.COM

MARKUS EIBLMAYR

DIE RABEN – SCHWARZ

Wien war im Jahr 1981 genauso grau und düster, wie man es aus den zeitgenössischen *Kottan*-Verfilmungen kennt. Doch an einigen Punkten der Stadt begannen ein paar farbenfrohe Triebe die Asphaltdecke zu durchbrechen, und damit begann eine Entwicklung, die das Bild der Stadt so weit verändern sollte, dass sie heute, im Jahr 2018, als die lebenswerteste der Welt gilt. Diese Zukunftsperspektive wäre in den morbiden Achtzigerjahren weder als Witz noch als Sarkasmus durchgegangen.

Die wesentlichen Impulse zu dieser Entwicklung kamen aus der Architektur, der Kunst, der Musik und der Gastronomie. Es entwickelte sich der Typus des Szenelokals. Da es aber eine Reihe von Szenen gab, multiplizierten sich langsam die Möglichkeiten, auch andere Lokale als die wenigen etablierten – wie das Kleine Café, das Alt Wien oder den Koranda – auf der Liste zu haben.

Genau zu dieser Zeit erreichte mich ein Anruf von Wolf Prix persönlich, der mich bat, ins Büro von Coop Himmelblau zu kommen, um mit ihnen ein Projekt besprechen. „Es geht um Licht und Ton für ein neues Lokal, das auch Live Acts haben wird." Zwar war ich in diesen Themen nicht ganz unerfahren, hatte ich als Licht- und Tontechniker für eine Reihe von Festivals und Bands doch schon Erfahrungen, die mir halfen, diese Aufgabe unerschrocken und engagiert anzugehen.

Auch bei meiner Aufnahmeprüfung an die Industrial-Design-Klasse der „Angewandten" war ich schon mit eigenen Entwürfen eines Bühnenscheinwerfers und eines DJ-Mischpults für die legendäre „Kling-Klang Company" angetreten.

DIE STADT – GRAU

Trotzdem betrat ich dann das Atelier von Coop Himmelblau mit großer Ehrfurcht, denn natürlich waren mir die Konzepte, Projekte und Aktionen als Designstudent bekannt und eine Benchmark für das eigene Schaffen. Umso überraschender war es, dass ich offenbar durch Mundpropaganda schon den Ruf eines Experten hatte und für dieses Projekt einer Bar mit Livemusik als Konsulent tätig sein sollte. Es folgten die ersten Besprechungen und Begehungen, bei denen ich zum ersten Mal dem Auftraggeber begegnete und den Name des Lokals erfahren sollte.

In der Person von Michael Satke erfüllte sich perfekt, was heute als „Business Angel" gilt. Eine Person mit Businesshintergrund, Risikofreude und Investitionskapital im Hintergrund und ein Projekt, das den Name „Engel" trug, war, retrospektiv gesehen, ja programmatisch. Eine Bar mit innerer Topografie, konzipiert als begehbare Skulptur, und einem Engel, der darüber schwebt und alles zusammenhält. Ein klassischer Bartresen aus Redwood und damaligen High-Tech-Materialien wie Niro, Glasbausteinen und Wellblech – da musste auch die Musik- und Lichtanlage mithalten können.

DER HIMMEL – BLAU

Die Suche nach Equipment war gar nicht so einfach, denn weder gab es in den einschlägigen Geschäften gut klingende Anlagen, die so kompakt waren, dass sie in das Gewölbe des Roten Engels hineingepasst hätten, noch waren Informationen zu Herstellern oder der Technik breit verfügbar. Nur in den einschlägigen Zeitschriften aus den USA waren letztlich die relevanten Hersteller zu finden. Schnell war klar, dass nur ein Hersteller, der gerade auch das Jazz-Festival von Montreux neu ausgestattet hatte, für dieses Projekt in Frage kam. Die damals montierten Lautsprecher von Electro-Voice gelten heute als legendär und sind wegen ihres Klangs gesuchte Raritäten. Die fliegende, geneigte Montage der Boxen war 1981 sehr ungewöhnlich, seit zwanzig Jahre ist sie Standard jeder PA-Anlage. Auch die Lichtanlage war auf hohem Theaterstandard, hier war das Research einfacher, denn mit der Firma PANI gab es dafür ein hervorragendes Unternehmen direkt in Wien. Es ist aber dann dem Qualitätsbewusstsein von Michael Satke und Coop Himmelblau zu verdanken, dass tatsächlich das beste Equipment auch ausgewählt und hier nicht gespart wurde.

Die Eröffnung mit dem Auftritt von Ingrid Caven geriet dann zu einem fulminanten Abend, hier herrschte ab dem ersten Moment der Geist eines „Small Club", mit der speziellen Nähe und Intimität zu den Künstlern auf der Bühne. Später sollte sich dies mit dem Slogan „The Voice of Vienna" als Bezeichnung für den Roten Engel manifestieren.

Das gegenüberliegende Krah Krah und der Rote Engel wurden dann gemeinsam die Kristallisationskerne für die Neugründungen einer ganzen Reihe von „Szenelokalen", die für die ganze Gegend prägend waren und ihr dann auch den Namen gaben.

Denn: „Wie nennt man es, wenn alles zusammenkommt – Bermudadreieck"*

*Zitat aus: Sleepless in Seattle, Komödie USA 1993

DER ENGEL – ROT

© ANDREA HIRSCH

WWW.LINKEDIN.COM

MARIO BOTTAZZI

GEDANKEN FÜR DEN ROTEN ENGEL

DIE DAME VOM BÜRO

Die Dame vom Büro, die Dame vom Büro
Sie mag meine Show
Sie weiß ganz genau, ich bringe Farbe in ihr Grau
Ja ja jajaja

Sie glaubte, dass ich jemand sei. denn sie sah in der
Zeitung mein Konterfei
Ich sag bescheiden, das ist wahr,
Sie fragt, wie fühlt man sich als Star?
Nur zu gern würde sie mein Leben wählen
Und begann sodann von ihrem zu erzählen
Von acht bis fünf im Büro
Und dann und wann ein Gang aufs Klo
Und ab und zu das bisschen Schreiben
hilft ganz gut die Zeit vertreiben
Und ab und zu das bisschen Schreiben
hilft ganz gut die Zeit vertreiben
Zu Hause hat sie keine Lust
und ihr Freund den Pantoffel und Fernsehfrust
Oh ja, das kenn ich – dir geht's so wie mir,
trinkma noch ein Bier
Wir fahren in noch ein Lokal und indes
geh ich gleich im Auto in medias res.

Hand aufs Herz Hand aufs Knie –
wie groß ist die Sympathie?
Hand aufs Herz Hand aufs Knie –
wie groß ist die Sympathie?
Wir können nicht zu mir
also fahrma jetzt zu dir
Ja ja jajaja
Die Dame vom Büro …
Ja ja jajaja
Ihr geschminktes Auge sieht mich ruhig an
so ruhig, wie es nur ein geschminktes Auge kann

Ja ja jajaja
Ihr rubinroter Mund mit den weißen Zähnen
verzieht sich zu einem Dreikronengähnen
Sie sagt, ich bin müde, ich fahr nach Haus –
und somit war mein Auftritt aus
Dabei hätt ich glatt getippt,
sie wär in mich verliebt

Dieser Text kommt von zwei Marios. Vom Mario 2018 und vom Mario damals in den Achtzigerjahren. Der Mario damals schrieb ein kreatives Tagebuch, aus dem der Mario heute Texte herausgerissen hat. Sie sind aus dem Zusammenhang gerissen, sie reißen ab, reißen aber auch an, wie's damals war.

Und der Rote Engel der Achtzigerjahre, nomen est omen, war ein guter Platz. Es gab dort alles, was das Herz eines auftretenden Künstlers begehrt: Eine professionelle Bühne, sogar einen immer gestimmten Flügel! Ein Honorar wurde auch bezahlt!! Und es gab nachher Frauen!!! Hier ein auch in #MeToo Zeiten politisch korrekter Aufriss von damals:

Ich habe auch damals schon gerne gescheite, evidenzbasierte, den Weltuntergang prophezeiende Bücher gelesen. Und da macht man sich schon seine Gedanken, was man täte, wenn für die Menschheit alle Stricke reißen.

AUF EINEM HEISSEN STEIN

Der Stein ist heiß
Auf ihm verdampft jeder Tropfen

Der Angstschweiß des Realisten
Die Spucke der beschwichtigenden Politiker
Die Tinte auf den Verträgen der Geschäftsleute
Der Geifer der Kabarettisten

Der Stein ist heiß
Und wenn er in die Luft geht
Verspreche ich euch eins
Wenn die hohen Politiker
Die Konzernherren
Die Bischöfe und Bonzen
Kurz unsere Schadministration
Samt Dienstpersonal und Militärschutz
In den Bunker fahren, um zu überleben
Während wir und insbesondere ich untergehen
Dann lebe – zu spät, aber doch –
ich meinen Terrorismus aus
Und greife mir aus dem Konvoi der Jeeps
und Allradfahrzeuge
Einen der feinen Herren raus
Schneid ihm die Eier ab
Und brate sie vor seinen Augen
Auf dem heißen Stein

Heute lebe ich gesund. Wer jenseits der sechzig nicht auf den Körper achtet, wird kein freudvolles viertes Lebensquartal erleben. Und damals habe ich auch schon an meine Gesundheit gedacht.

HOTELBAR

Ich bestell ein Bier und spüre das Kribbeln in den Fingern, als ob meine Hand einschlafen würde – hat zu viel Bier mit Cholesterin zu tun? Ich denke mir, wie wird das sein, wenn man die Hotelrechnung des Lebens bezahlt? All die Extras, die man sich hat kommen lassen, die liegen doch irgendwo auf. Jedenfalls nicht in meinem Gedächtnis. Da fällt mir ein – immer öfter in letzter Zeit – ich werde alt, ich falle auseinander. Kann ich gewisse Bewegungen auf der Bühne und sonst wo überhaupt noch ausführen?
Ich stopf mich mit zu viel voll. Mit gesunden Sachen und ungesunden Sachen. Ich brauche eine Kur, wenigstens eine Pause. Aber mein innerer Saboteur lässt das nicht zu. Eigentlich geht's mir im Vergleich zu anderen eh nicht so schlecht. Ich saß mit Musikerkollegen an der gestrigen Hotelbar und der eine – der mit der grünen Jacke – erzählte mir, dass ihr Gitarrist sich zu Tode gesoffen hat …

Zum Schluss noch eine Wortspende für alle: ein Begriff, den schon der Mario der Achtzigerjahre bei David Steindl-Rast kennenlernte, aber erst der Mario von heute verstehen kann: Dankbarkeit.

Sei dankbar. Wenn du dankbar bist, kannst du glücklich sein mit dem, was war, mit dem, was ist, und mit dem, was sein wird. In diesem Sinne danke, Michael Satke, danke allen anderen Menschen vom Roten Engel und danke auch dem Hund, der damals bei einem Auftritt im Roten Engel dramaturgisch genial dazwischenbellte.

WWW.MARIOBOTTAZZI.COM

WILLI BRÜNDLMAYER

EIN GRÜNER HAUSWEIN

Die ehrenvolle Aufgabe, einen geeigneten Hauswein für den Roten Engel zu finden, fiel mir zu. Die Qualität des Weins war wichtig, der Rote Engel schwebte über etwas, was sowohl als Weinbar als auch als Liederbar hohe Ansprüche stellte. Der Wein sollte sich nicht zu wichtig nehmen, fein, angenehm, zurückhaltend und beschwingend sein. Schwerelos ist der perfekte Wein des Engels, die Aufmerksamkeit unterstützend, Ideen fördernd, im Sommer kühlend, im Winter wärmend.

Der Hauptwein des Roten Engels war kein Roter, sondern ein GRÜNER. Tausende Achteln querten die Bar und mein Grüner Veltliner entfaltete in den animierten Gästen sein wunderbares Wirken.

WWW.BRUENDLMAYER.AT

SHLOMIT BUTBUL

RAUM

In den Roten Engel gehen
und sich ausprobieren.
Als Musiker, Mensch, Freund, Geliebte,
als Gast.

So war das für mich,
im täglichen Rhythmus jahrelang.
Dort durfte ich eine weitere Unschuld
als Künstlerin verlieren, erlernen,
durfte ich sein.

Alle Musikrichtungen meiner Herzwerkstatt
hatten Raum, sich zu entfalten.
Und ich probierte und präsentierte
derer viele!

Dies hat mich bis heute geprägt.

Danke, dass ich ein Teil der Roten-Engel-
Familie, -Ära sein durfte!!!

WWW.SHLOMITBULBUL.COM

ETTA SCOLLO

Dein Engel

Michael, der Kreative, der Visionäre,
Michael, der Risikofreudige,
der die damalige Generation der jungen Künstler
in den 80ern unterstützt und gefördert hat.
Michael, der mich eines Abends von der Tür
bis zur Bühne (mit Mantel und Gitarre!)
auf dem Arm getragen hat!

Ohne dich und deinen Roten Engel, lieber Michael,
hätten viele von uns nicht das tun können,
was wir heute immer noch tun: schöne Musik machen!

Es möge dein Engel dich immer begleiten
und sein schöner roter Schatten unsere Musik
schützen und bewahren.

Von Herzen BUON COMPLEANNO!

WWW.ETTASCOLLO.DE

GAJUS STAPPEN

„I LOVE ROCK'N'ROLL"

VORSPIEL(EN)

Schon mein erster Kontakt mit dem Roten Engel war vielversprechend: Jeden ersten Montag im Monat gab es um 17 Uhr eine kurze Vorspielmöglichkeit, an der ich mit einem Sänger teilnahm. Nach unseren souverän dargebotenen zwei oder drei Stücken ging ich schnurstracks mit gezücktem Terminkalender zu Wolfgang Beneder. Dieser allerdings griff überraschenderweise nicht nach dem großen Auftrittsplaner, sondern schmunzelte amüsiert. Auf meine Frage nach Auftrittsterminen meinte er nur freundlich lächelnd: "Übts noch ein bisserl ...". Nachdem wir uns von diesem Schlag auf unsere Musiker-Egos erholt hatten, folgten wir seinem Rat – anscheinend mit Erfolg: Nachdem wir aus dem Duo eine Band gemacht und unsere ersten Sporen in dem kleineren Live-Lokal vis-à-vis dem Roten Engel verdient hatten (alleine das Kunststück, auf der Mini-„Bühne" fünf Musiker mit Schlagzeug, Keyboards und Verstärkern unterzubringen, war eine echte Leistung ...), wurden wir knapp ein Jahr später offiziell für den Engel abgeworben – ohne ein weiteres schmachvolles Vorspielen ...

ROCKKONZERT IN DER LIEDERBAR

In meiner Erinnerung waren „Big, Bad & Nasty" eine der ersten Bands, wenn nicht DIE erste Band, die Funk, Rock und Pop in die bisherige „Wein- und Liederbar" brachten – ich musste zur Tarnung anfangs sogar Geschirrtücher über meinen Verstärker hängen. Wir holten damit ein jüngeres Publikum ins Lokal, und die endlosen Streitereien mit den durch die neue Lautstärke genervten Anrainern begannen ...

Eines Tages fragte mich ein Tourist direkt vor dem Lokal, wo denn die Lido-Bar sei, und zeigte mir einen Zettel mit der korrekten Adresse: Rabensteig 5. Allerdings hatte ich noch nie von einer Lido-Bar im Bermudadreieck gehört. Erst nach langem Nachdenken wurde mir klar, dass aus dem Zusatz „Wein- und Liederbar" die Lido-Bar geworden war ...

Wir hatten unseren Proberaum nur ein paar Gassen entfernt im damaligen „Olympia-Studio", einem früheren Radio- und Fernsehstudio, das Gerhard Bronner gehörte und später von seinem Sohn David als Tonstudio umgebaut wurde. Hier war Marianne Mendts „Glock'n" gedreht worden, und Andy Baum, Supermax, die Alpinkatzen waren nur einige der Künstler, die dort aufnahmen.

Die Instrumente führten wir zum Auftritt und danach wieder zurück per „gefundenen" Supermarkt-Einkaufswägen – mitten in der Nacht eine ziemlich schräge Prozession vom Lokal zum Probenraum ...

Alle in der Band waren wir damals glühende Prince-Fans. Als im ganz nahen Kino Cine-Center Prince's Live-Konzertfilm „Sign of the Times" lief, besuchten wir nach dem Soundcheck eine Vorstellung, um dann direkt nach dem Kino überschäumend vor Inspiration auf die Bühne zu stürmen und ein Hammer-Konzert zu liefern. Dem Applaus nach dürfte unser Gefühl, soeben eine riesen Halle zu rocken, auch das Publikum angesteckt haben.

Unsere Schlusshymne war das unglaubliche „Purple Rain", dass wir aus vollstem Herz interpretierten und zelebrierten. Bei einem Auftritt, in einer Zeit schwersten Liebeskummers, wurde mein Solo bei dieser Nummer

eine emotionale Rakete all meiner Verzweiflung und des Schmerzes, und unter Tränen spielte ich mir mein Herz aus dem Leib. Mir war gar nicht aufgefallen, dass eine Schar namhafter Musiker und Produzenten kurz davor im Lokal aufgetaucht war: Erwin Kienast, Frank von dem Bottlenberg und andere Größen der Musikszene waren soeben vom Begräbnis des so jung verstorbenen Sängers und Gitarristen Hans Dujmic gekommen. Mein Solo war der perfekte Ausdruck meines Liebeskummers und ihrer Trauerstimmung. Sie waren sichtlich beeindruckt, und es fiel der für mich wie ein Ritterschlag wirkende Satz: „Wir haben heute einen großen Gitarristen zu Grabe getragen und soeben einen anderen großen entdeckt ..."

Ich war sicher nicht der beste Musiker, der im Engel aufgetreten ist, aber einer der fleißigsten. Ich spielte im Lauf der Jahre mit Dutzenden Bands, manchmal 15 Auftritte im Monat. Ein Rekord war ein Donnerstagabend, Freitagabend und von Mitternacht bis 3.30 Uhr und am Samstag ebenfalls am Abend und nach Mitternacht, also mit fünf Bands je drei mal fünfundvierzig Minuten Programm in drei Tagen bzw. Nächten.

Ein anderer „Rekord" waren meine Auftritte mit Käpt'n Echo: Wir schafften es, acht Leute auf der Bühne unterzubringen, inklusive aller Instrumente, und uns dabei sogar noch zu bewegen, ohne uns oder das Equipment zu beschädigen ...

Das ebenerdige Lokal, wo man von der Straße direkt auf die Bühne sehen konnte, im Bermudadreieck gelegen, dem frisch erschaffenen Ausgehzentrum Wiens, war eine einzigartige Präsentationsmöglichkeit: Wirkte von draußen eine Band interessant, konnte man sofort die Leute ins Lokal ziehen – eine harte, aber ehrliche und lehrreiche Beurteilung. Das regte natürlich die Kreativität der Performance an. Ich erinnere mich an Auftritte wie zum Beispiel der Band Pogo, bei der alle Musiker aufgeschnittene Fußbälle als helmartige Kopfbedeckungen trugen und der Sänger mit einem verlängerten Mikrofonkabel plötzlich während des Auftritts die Bühne verließ und singend auf die Straße hinausging.

Aber natürlich zählte v.a. die musikalische Qualität, und so kam ich auch oft an meinen „freien" Tagen, um eben andere Musiker und Bands zu hören, zu bewundern und von ihnen zu lernen. In diesem sehr auf den nahen Kontakt reduzierten Rahmen gab es praktisch keinen Sicherheitsabstand zum Publikum – jeder musste sich im direkten Vergleich ehrlich beweisen. Ob Jazz Gitti, Wilfried, Andy Baum, Hubert von Goisern – nicht der Name, nur die Performance zählte. Auch hier konnte ich z.B. von Jazz Gitti eine Menge lernen: Sie hatte aufgrund einer kürzlich getrennten Beziehung eine sehr schwere Phase, kam fertig und traurig ins Lokal, ein Schatten ihrer selbst. Doch wenn sie auch nur für den Soundcheck auf die Bühne stieg, rang sie sich ihre berühmte Energie ab und unterhielt das ganze Lokal ...

Rasant entwickelte sich hier dank der gebotenen Plattform eine echte Musikerszene, und es entstanden Bands in neuen Kombinationen. Dies lockte bald Veranstalter an, wenn sie Bands suchten: Nachfolge-Engagements nach einem Engel-Auftritt waren fast selbstverständlich und eine wichtige und relativ einfache Möglichkeit, gutbezahlte Auftritte zu bekommen.

Natürlich war auch die Liebe ein Motor für neue Projekte, trafen doch attraktive Sängerinnen auf coole Musiker – so ergaben sich auch hier unzählige „fruchtbare" Kombinationen, die je nach Verliebtheit zu einer neuen Band oder auch zum raschen Ende eines Projekts führen konnten.

Manche Tage kam ich gerade noch zum Schlafen und Duschen in meine nur fünf Gehminuten entfernte Wohnung, denn bald begannen wir im Engel auch tagsüber zu proben – es zahlte sich oft nicht mehr aus, die Instrumente wieder in den Proberaum zu schleppen. Da musste ich mich natürlich auch mit der Tonanlage auseinandersetzen und bald kannte ich alle „Besonderheiten" des Mischpults, z.B. lud das Mischpult lange Zeit Gäste zum Abstellen und damit häufig zum unfreiwilligen Ausleeren ihrer Getränke ein – es war das Rote-Engel-Roulette, welcher Kanal gerade nicht funktionierte. Damit war ich den völlig praxisfernen Tontechnikstudenten oft überlegen und half erst aus, bevor ich dann selber immer wieder den Tontechnikjob für andere Bands übernahm. Learning by doing – ein neuer Job, den ich im Engel erlernen durfte ...

Irgendwann zählte ich aus Neugierde alle meine bisherigen Engel-Auftritte, und da es nicht mehr viele bis zum 200. waren, besprach ich mit Michael Satke und Wolfgang Beneder die Sache, und sie boten mir die Gelegenheit für einen besonderen Abend: möglichst viele meiner Bands und Mitmusiker für ein buntes Programm zusammenzutrommeln. Schon bei den Proben sorgte das anfangs für Chaos und sprengte dann Gott sei Dank im kreativen Sinne alle Grenzen; da für das Programm ein Name nötig war, erfand Wolfgang Beneder „Gajus Gemischte Gefühle – 200 zündende Aufritte" – ein zwar etwas seltsamer, aber eigentlich absolut treffender Name. Das Plakat zierten 200 von mir eigenhändig gezählte und abgebrannte Zündhölzer. Letztendlich waren es gut an die dreißig Musiker, die in verschiedenen Formationen Schlag auf Schlag ein unglaubliches Konzert ablieferten. Der Hausherr Michael Satke hielt nicht nur eine tolle Rede, sondern überreichte mir auch eine Torte, extra in Gitarrenform. Obwohl alle Tische und Sessel entfernt worden waren, platzte das Lokal aus allen Nähten, Trauben von Menschen belagerten auch auf der Straße die Fenster und Türe, um etwas von der Show zu sehen: eine Wahnsinnsstimmung, und für mich ein fast dreistündiger Gänsehaut-Moment ...

Es sollten sich noch genau 98 weitere Auftritte ausgehen – dann endete das Live-Programm in „meinem" Roten Engel für immer – noch bevor ich meinen „300er" feiern konnte. Dafür gab es zum Abschied einen sensationellen „Best of"-Monat mit einem wahren Feuerwerk an Künstlern: Alle, die hier so viel erlebt hatten, folgten dem Ruf Michael Satkes, um ihren Dank und Respekt zu zeigen. Und ich möchte auch jetzt, falls ich es in der Vergangenheit zu wenig getan habe, mich herzlich bei Michael Satke für sein tolles Lokal bedanken: Danke, Michael, für diese Bühne – durch sie wurde ich zum Musiker ...

Jahre später hatte ich die Ehre, für mich und Michael völlig überraschend, mit meinem damaligen Cover-Duo bei der Hochzeitsfeier seiner Tochter für tolle Stimmung zu sorgen. Sie hatte uns unter ihrem neuen Namen über unseren Sänger gebucht. Anscheinend haben wir ihren Geschmack und dann am Abend den aller anwesenden Gäste recht gut getroffen – Dank meiner Lehrjahre im Roten Engel ...

In den letzten Jahren ist es mir gelungen, meinen Lebensunterhalt mit einer einzigen Band zu bestreiten und damit meine ganze Energie in einem einzigen Projekt zu bündeln. Allerdings haben wir statt eines Sängers zwei schottische Dudelsackspieler, eine klassische Geigerin aus Bulgarien; unser Bassist lebt in Phoenix, Arizona, und wir touren quer durch Europa und Nordamerika, von New York City bis San Francisco, von Florida bis Alaska – wir spielen öfter auf Hawaii als in Österreich. Am Beginn spielten wir auch teilweise Rocksongs – am Dudelsack klingt das sehr exotisch: Inzwischen schreibe ich eigene Stücke, und die kommen so gut an, dass wir kaum noch Fremdkompositionen spielen. Also absolut kein Bezug mehr zu den guten alten Roter-Engel-Zeiten.

Nicht ganz: Unser Bassist und Gründungsmitglied, Harald Weinkum, ist gebürtiger Wiener und hat ebenfalls seine ersten musikalischen Sporen im Engel verdient (wir spielten zusammen u.a. in der 2. Tschako-Band) bevor er in L.A. Musik studierte, die Frau seines Lebens fand und mit ihr nach Arizona zog. Und seit unser Schlagzeuger Vater wurde und deswegen lieber mehr Zeit mit der Familie in Österreich verbringt, haben wir einen Ersatz-Schlagzeuger für die Amerika-Tourneen: Produzent und Studiobesitzer in L.A. Georg Dum (inzwischen „George" mit e), mit dem ich – erraten! – vor über 25 Jahren im Roten Engel gespielt habe. Als wir jetzt in den USA erstmals wieder zusammen aufgetreten sind, habe ich dafür gesorgt, dass sich auch „I love Rock 'n' Roll" auf unserer Liste befand – so wie wir diesen Hit damals in den 90ern mit meiner Band „Macho Blue" im Engel gespielt haben. Und das Publikum in Texas 2016 war genauso euphorisch wie seinerzeit am Rabensteig.

WINFRIED GRUBER

Es war Anfang der Achtzigerjahre als wir mit den „Showinisten" die Bühne im Roten Engel eröffneten. Ich hatte den Hubsi Kramar, in dessen Fänge ich beim Versuch, als Jazzmusiker Geld zu verdienen, geraten war, überredet ein Stück mit Band zu machen. „Traum Schaum Erinnerung" war eine fulminante Show und ein veritabler Publikumserfolg, aber die wirkliche Kohle blieb aus.

Da kommt der Michael Satke auf mich zu und sagt, dass er ein kontinuierliches Livemusik-Programm machen will und ob ich von Mitternacht bis vier Uhr früh spielen möchte. Eine ganze Band geht sich budgetmäßig nicht aus, aber ich könne das Klavier betätigen, solo.

Ich überlege. Ein steady gig zu später Stunde, noch dazu mit wenig Gage, ist schon sehr Jazz, puristische Künstlergrundsätze, auf Abstand zum „Kommerz" bemüht, werden da zu Mimikry.

Ich beginne also meinen Job an einem, sagen wir mal, Montag im November, mit einem Notenpackl unterm Arm besteige ich die Bühne, klappe den Klavierdeckel zurück, positioniere mein Mikro, verhandle mit dem Nachtkellner die Freigetränke und versuche, ihn gut zu stimmen, damit er vom Mischpult aus einen leiwanden Sound macht. Ich setze mich ans Instrument und beginne zu spielen ... Nacht für Nacht.

Dann, es ist wieder an einem Montag, sagen wir, Ende Februar, in einer kalten und leeren Nacht, so gegen zwei Uhr früh, sind der Kellner und ich die einzigen Anwesenden, ich beginne, trotz akuter Sinnfrage, gerade mit dem dritten Set, da geht die Tür auf und drei Männer treten ein. Drei Apparate sondergleichen, wie ich unschwer feststellen kann. Breit nehmen sie am Mitteltisch in der ersten Reihe vor der Bühne Platz und rufen, ungeachtet der von mir produzierten sensiblen Klänge, laut den Ober herbei. Biere und Schnäpse füllen alsbald das Tischchen, sie trinken, schweigen und schauen mich von unten herauf an. Ihre Blicke sind umschattet und die Köpfe zwischen

EINE KLEINE NACHTMUSIK

den Schultern versunken, während sich ihre Hände mit den Gläsern und Zigaretten beschäftigen. Dann und wann knurren sie sich in abgehackten Sätzen an, ich habe alle Mühe, den Groove zu halten, und sehe mich veranlasst, etwas Lustiges zu spielen. Mangels schriftlicher Aufzeichnungen ist der Titel nicht mehr eruierbar, es fehlt von diesem Abend, wie auch von allen anderen, die Setlist, aber als ich einmal „Carol" von Lennie Tristano zum Besten gab, hat es dem Fritz Steiner, der mit dem Hundertwasser vorbeigekommen war, gefallen.

Ich spiele also etwas Lustiges und für eine Weile geht das Knurren in ein etwas freundlicheres Grunzen über, von sporadischen Rülpsern rhythmisiert. Schon bald werden sie wieder unruhig, bestellen weitere Getränke, bellen eine Zeit lang, verstummen wieder und schauen mit stierem Blick in meine Richtung. Dann erhebt sich der am rechten Rand sitzende Typ und bewegt sich auf mich zu. Er erklimmt die Bühne und sagt mit leiser, eindringlicher Stimme:

„Oida, spüh die ‚Kleine Nachtmusik', kriagst an Kilo."

Überrascht und etwas überfordert schaffe ich es, ohne mit dem Spielen aufzuhören, zu antworten: Gnädiger Herr, gerne würde ich Ihrem Wunsch entsprechen, aber ich habe dieses, sicherlich sehr schöne, Stück leider nicht in meinem Repertoire. Kann ich Sie vielleicht mit einer anderen Weise erfreuen?, oder so ähnlich. Das Bröckerl schaut mich fassungslos an. Dass ein Klavierspieler die „Kleine Nachtmusik" nicht spielen kann, bringt sein Weltbild ins Wanken. Zurück am Tisch sehe ich, wie er mit den beiden anderen konferiert. Die Atmosphäre verdüstert sich und die Stimmung droht zu kippen. Ich mime professionelle Distanziertheit und vertiefe mich in meine Tätigkeit, schließe die Augen und versuche, in die Musik zu versinken. Eine Zeit lang funktioniert es, ich entweiche der schnöden Wirklichkeit und schwelge vielleicht sogar ein bisschen, da spüre ich plötzlich einen spitzen Gegenstand in meiner Seite und die Stimme sagt:

„Oida, ned sei deppat, spüh die ‚Kleine Nachtmusik'. Kriagst an Kilo."

Ich erstarre. Dann spüre ich, wie mein Blut hochkocht. Ich nehme die Finger von den Tasten, schau dem Typen in die Augen, stehe auf und bedeute ihm, mit einem letzten Rest an unmissverständlicher Höflichkeit, die Bühne sofort zu verlassen. Er schreit, *des gibt's jo ned*, dass ich dieses berühmte Stück nicht kenne, dass ich einfach deppat sein wolle und dass ein Liter Blut gleich verpritschelt sei. Der Kellner eilt herbei und schafft es nach einem kleinen Gerangel, mit beruhigenden Worten und festem Griff, den außer Rand und Band geratenen Fleischhaufen zum Tisch zurück zu bewegen, von wo aus die eigentlichen Urheber des ganzen Bahöös, zurückgelehnt und betrunken, untermalend mitschimpfen. Langsam beruhigt sich die Szene ein bisschen und wenig später verlässt das Trio, nicht ohne ein paar letzte verachtungsvolle Blicke in meine Richtung, das Lokal.

Die „Kleine Nachtmusik" aber spiele ich bis heute nicht.

WWW.LINKEDIN.COM

HUBERT VON GOISERN

DAS WAREN ZEITEN

Ich studierte damals experimentelle Musik und Elektroakustik an der Wiener Musikhochschule und alle paar Monate brachte ich im Kunstverein *Alte Schmiede*, in der Schönlaterngasse (gar nicht weit entfernt vom *Roten Engel*), ein paar Kompositionen zur Uraufführung. Vor selten mehr als einem Dutzend ernster, blassgesichtiger Studienkollegen und einer Handvoll Freunden die meine Klangträumereien begleiteten. Davon leben konnte man nicht – denn es waren seltene Gelegenheiten, oft mit zusätzlichen Kosten für die Umsetzungen verbunden – also ein Nullsummenspiel. Höhepunkt war mein Streichquartett. Ich habe an dem fünfsätzigen Werk über zwei Monate lang gearbeitet und bekam dafür die für mich unglaubliche Gage von 5000 Schilling (350 Euro). Je 1000 Schilling zahlte ich den MusikerInnen, und weil es so schön gewesen war und an die vierzig Leute zugehört haben, lud ich mit dem übriggebliebenen Tausender alle Mitwirkenden vor lauter Freude zum Italiener ein.

Es war also eine existenzielle Notwendigkeit, einen Brotjob zu suchen, und ich fand ihn ein paar Gassen weiter am Rabensteig im *Roten Engel*. Ich konnte auf einige Blues- und Jazzstandards sowie ein paar Singer-Songwriter-Klassiker zurückgreifen, die sich über die Jahre angesammelt hatten. Die spielte ich ein paarmal durch und lernte die Texte auswendig, dann fasste ich mir ein Herz, stellte mich vor, bekam einen Termin und saß ein Monat später mit meiner Westerngitarre im weiter unten beschriebenen Ausnahmezustand auf dem kleinen Podium des R. E. Nach einigen Liedern wurde es besser. Auch weil ich begriff, dass es keinen Grund zur Panik gab, da mich eh niemand beachtete. Das entspannte mich kurzfristig ein wenig, es war aber mittelfristig nicht gut für mein Ego.

In den Achtzigerjahren fand im *Roten Engel* der allabendliche Kampf um Aufmerksamkeit statt. Wolfgang Staribacher, meine damalige Co-Alpinkatze, meinte einmal sehr treffend: „Oida, im R. E. spielen, das ist wie Straßenmusik auf einer Verkehrsinsel machen." Denn in der Tat buhlten die Gäste nicht weniger als die Künstler darum, gesehen und gehört zu werden. Die Leute unterhielten sich meist derart laut, dass man die Musik mehr ahnen musste als hören konnte, und was aus den Lautsprechern der P.A. kam, lag aufgrund der Lärmschutzbedingungen nicht selten unterhalb des Geräuschpegels der Konversationen. Was auf der Bühne stattfand, ging vielen Gästen am A... vorbei. Darbietungen wurden als konkurrierende Geräuschkulisse wahrgenommen und waren bestenfalls mehr oder weniger stimmungsvolle Hintergrundmusik für die persönlichen Gschichtln, die sich die Leute untereinander zu erzählen hatten. Es kam mir in der Tat manchmal vor, als stünde ich mit meiner Gitarre in der Mitte eines vielbefahrenen Kreisverkehrs. Man wurde „nicht einmal ignoriert" und musste deshalb schon lichterloh brennen, um Aufmerksamkeit zu bekommen. Im Roten Engel der Achtzigerjahre habe ich gelernt, um das Publikum zu kämpfen.

Und ich habe damals auch gelernt, mein Lampenfieber in den Griff zu bekommen, denn ich habe mich anfangs vor jedem Auftritt „angspiebn". Begleitet von Migräneanfällen, Fieberschüben, Zahnschmerzen und Bauchkrämpfen erklomm ich jedes Mal die drei Stufen hinauf zur Bühne. Bis ich mich irgendwann selber ins Gebet genommen und zu mir gesagt habe: „Hubert, wenn dich das derart mitnimmt, wenn es dich im wahrsten Sinne krank macht, dann ist das nicht das Richtige für dich." Ich höre noch jetzt die Worte, die ich vor dem Spiegel stehend damals abschließend zu mir gesagt habe: „Wenn du noch einmal krank wirst, dann hörst du auf damit."

Ab da bin ich nicht mehr krank geworden. Gestresst und angespannt war und bin ich noch immer, bevor ich die Bühne betrete. Aber schlecht geworden ist mir nie mehr wieder. Vielleicht waren es auch weniger die eindringlichen Worte, sondern vor allem die Erkenntnis der Not. Die 600 Schilling oder umgerechnet 44 Euro, die mir Wolfgang Beneder einmal im Monat nach meinem Drei-Stunden-Auftritt in die Hand gedrückt hat, habe ich dringend gebraucht, um über die Runden zu kommen, denn von den Aufführungen meiner musikalischen Kernvisionen konnte ich mir keine Suppenwürfel kaufen.

Ein einschneidendes Erlebnis bescherte mir eines Tages der Verzicht auf eine Setliste. Es war mein vielleicht fünfter Auftritt im R. E. An jenem Abend dachte ich mir, ich lege mich nur auf die ersten drei Lieder fest. Danach entscheide ich spontan und je nach Stimmung, was als Nächstes kommt. Nach Ende des dritten Liedes erwischte es mich. Ich hatte ein Repertoire von vielleicht hundert Stücken, aus denen ich schöpfen konnte. Das war mir in dem Moment zwar bewusst, aber sosehr ich nachdachte, es fiel mir kein einziger Titel ein. Vor mir lag ein schwarzer Abgrund. Seither weiß ich, warum es Blackout heißt. Von der Magengrube ausgehend breitete sich ein Körpergefühl aus, das zuerst weit unter dem Gefrierpunkt lag, innerhalb weniger Atemzüge jedoch den Siedepunkt überschritt. Und genau da passierte es. Es wurde leise. Das Gerede verebbte und nach einer Weile war es mucksmäuschenstill. Alle, einschließlich der Kellner, blickten erwartungsvoll zu mir auf die Bühne. Ich hatte die ungeteilte Aufmerksamkeit. Ich hatte es geschafft. Ich wusste nur leider nicht, wie's weitergeht - aber immerhin.

Und noch etwas blieb mir nachhaltig in Erinnerung. Während eines Besuchs zu Hause im Salzkammergut hatte ich, in einem zugegeben entrückten Zustand, eine handgreifliche Begegnung mit der Steirischen Ziehharmonika meines Großvaters. Ich war ihr jahrelang feindselig gegenübergestanden und beim Versuch, sie zu zerreißen, hat sie mich in ihren Bann gezogen. Es faszinierte mich, wie sie sich geradezu hingebungsvoll meine Grobheiten gefallen ließ und dabei noch lustvoll Töne verströmte. Also nahm ich sie mit nach Wien und begann Stücke darauf zu komponieren. Flirrende, kreischende, wabernde Sachen, die es sogar einmal ins Radio schafften; in eine Sendereihe für zeitgenössische österreichische Musik meines damaligen wie heutigen Lieblingssenders Ö1.

ROTER ENGEL

Eines Tages nahm ich die Ziehharmonika in den R. E mit. Ich begann wie üblich mit ein paar mäßig zur Kenntnis genommenen Liedern. Dann packte ich *die Steirische* aus. Eine Schockwelle ging durch das Lokal. Sie war physisch spürbar. Ich hatte noch gar keinen Ton gespielt, da riefen auch schon ein paar Gäste: „Zahlen, bitte". Es war also offensichtlich, dass nicht nur ich einen Grausen hatte; vor dem Instrument im Speziellen und der Volksmusik im Allgemeinen. Indem ich meine Finger auf die Knöpfe der Harmonika legte, griff ich in diese Wunde und die österreichische Seele zuckte zusammen. Aber das machte es erst recht zur Herausforderung. Ich spielte jetzt nicht mehr nur um mein, sondern auch um das Leben der Diatonischen Ziehharmonika. Wir waren eine Schicksalsgemeinschaft. Und ich spielte sie so, dass buchstäblich die Fetzen flogen. Ich kann mich noch gut erinnern, wie ich meinen ersten Balg zerstört habe. Es passierte beim ekstatischen Schlussteil des Instrumentalstückes „Solide Alm". Das Stück markiert quasi die Geburtsstunde der Alpinkatzen. Mein Partner Wolfgang Staribacher spielte das Keyboard und bediente auch einen Drumcomputer, der bei der „Alm" zum Einsatz kam. Bei der Steigerung von Es auf As aktivierte Wolfgang wie immer per Fußschalter den Doubletime-Modus, und an dieser Stelle drückte ich einmal so an, dass der vom Schweiß durchtränkte und aufgeweichte Balg meiner Ziehharmonika regelrecht zerplatzte. Wolfgang und ich sind uns im Herbst des Jahres 1986 im Roten Engel über den Weg gelaufen, und wir beschlossen, zusammen aufzutreten. Nicht weil wir eine gemeinsame Vision hatten, sondern weil es zu zweit weniger anstrengend und auch lustiger war. Es war eine pragmatische Entscheidung. Ein Duo bekam öS 1200,–; ein Solist öS 600–. Wir machten uns lange Zeit den Spaß, jedes Mal unter einem anderen Namen aufzutreten. Einmal nannten wir uns „*willig und billig*", das nächste Mal „*heuer teuer*", irgendwann kamen uns die „*Alpinkatzen*" in den Sinn. Anlässlich eines Termins am Ostersonntag mutierten wir zu „*Alpinhasen*", und so ging es munter weiter. Eines Tages meinte der Geschäftsführer, es sei ihm eh egal, aber er hätte doch gerne gewusst, warum wir das machen. Wir sagten ihm, wir täten dies einerseits, um die Groupies abzuschütteln, und andererseits, um jene Leute zu überlisten, die unseren Vortrag nicht goutiert hatten. Wie man weiß, ist es auf Dauer nicht gelungen, den Fans zu entkommen, und die Erkenntnis, dass eine Steirische Ziehharmonika nicht unbedingt Mief und Ewiggestrigkeit verströmen muss, hat sich vom Roten Engel aus übers ganze Land und darüber

Um abschließend noch einmal auf das Bild der Verkehrsinsel zurückzukommen. Es hat über ein Jahr gedauert, aber irgendwann ist es gelungen, „den Verkehr" zum Stillstand zu bringen, das ganze Lokal, ja sogar jene, die draußen auf der Gasse standen und durch die Fenster hereingeschaut haben, in den Bannkreis der Musik zu ziehen. Und als ich das erste Mal gemerkt habe, wie sogar der Barkeeper mit dem geräuschvollen Aufschäumen der Milch für den Cappuccino bis zum Ende einer Ballade gewartet hat, da war ich mir sicher, auf dem richtigen Weg zu sein.

Unterm Strich war es eine großartige Zeit, auch wenn es mir damals nicht immer so vorgekommen ist. Meine Dankbarkeit ist jedenfalls groß. Mein Dank geht an den *Roten Engel*, er geht an Wolfgang Beneder und vor allem an Michael Satke, für die Chance, die sie mir und vielen anderen gegeben haben, ein Publikum zu erobern.

WWW.HUBERTVONGOISERN.COM

HUBSI KRAMAR

MICHAEL SATKES ROTER ENGEL

Prometheus, der gefallene rote Engel, der mythologische Feuer- und Lichtbringer. Und der rote Engel der Wirklichkeit: Karl Marx, der Feuerkopf und Lichtbringer für die geknechteten, proletarischen Massen. Und dann für alle Michael Satkes Roter Engel – Lebens- und Lichtbringer, Hot Spot und Leuchtturm im ersten Bezirk, der mit einem gastronomischen und künstlerischen Feuerwerk das legendäre Bermudadreieck begründet hat.

WWW.HUBSIKRAMAR.NET

KEVIN LAMBERT

THE BEST CLUB I EVER PLAYED IN

I hit my stride in Vienna from about 1983 onwards. I started leading my own bands and playing piano gigs. I found a place that functioned as a bit of a paying clubhouse, a Vienna bar called the Roter Engel.

The place was amazing. They had two different bands playing every night of the week, from 9:00 pm to 3:00 am. It was located in an all-night section of Vienna's historic district called Bermudadreieck or Bermuda Triangle, because it was possible for people to enter the place, hitting bar after bar, and not emerge for weeks.

I developed several bands on that stage. Wolfgang Beneder and Michael Satke, manager and owner, were good enough to let me just come to them with an idea, and they would give me some dates. It was actually some of the most creative fun I've ever had in the world of music. I played in the first Westbloc performance of Sergei Dreznin's opera "Ophelia",, on that stage, and helped start the singing career of Kim Cooper, who went on to be part of the Eurovision Song Contest 2000. I think she has a PhD in African dance, something like that. I helped her put it to good use, giving her the role of lead singer The Darktown Whiteboys. I played drums with the incredibly gifted American singer/pianist Hannibal Means for about three years. He's an easy and highly entertaining Google, and I recommend it.

I had, among many other time slots, the 1:00 am to 3:00 am solo piano Tuesday morning shift. Who's out on the street, thirsty, looking to hear a band, at this hour? This is the sort of time we usually associate with coal

miners waking up. But, by God, there were always people coming in. And they were usually, by then, so anaesthesized with alcohol that I could play "The Third Man" theme for two hours straight and they wouldn't notice anything wrong. I didn't, of course, but the temptation was always there.

After over 30 years in music, I consider the Roter Engel to be the best club I ever played in.

FACEBOOK.COM

CHRISTIAN KOLONOVITS

Text folgt

WWW.KOLONOVITS.COM

MIKI MALÖR

Die 80er-Jahre in Wien
Das erste Clownfestival
Die Narren schwappen in die Stadt

Kellertheater blühen
Zwischen politischen Utopien
und Dada

Und mitten in der Innenstadt

Eine Bar mit Architektur!
(danke junges coop himmelblau)
Eine winzige Bühne
Ein wundervoller Flügel
Der Duft von Zigaretten und Tequila

Ein großes Fenster zur Straße hin
Menschentrauben bleiben kleben
(sie haben wirklich geschaut –
es gab noch keine Mobiles)

In Berührung gehen mit dem dicht
gedrängten Publikum
Lustvoll
Wir waren aneinander interessiert

Erstes wildes anarchisches Erproben
Mit großer Unschuld drauflos
Nothing to lose

Sperrstund war Ehrensache
Männer liebevoll ausziehen auch
Über Nacht für 10 Minuten berühmt

Ein Ort für
Sex Drugs Rock'n'Roll

Mittendrin
Immer jemanden an der Hand
Der jemandem bekannt gemacht
werden musste
MICHAEL
Seine Netze ausbringend

WWW.MALOER.ORG

DANKE!

AUS DER NOT EIN[

Wir befinden uns im Jahre 1981 n. Chr. Ganz Wien ist von ruhebedürftigen und äußerst lärmempfindlichen (Früh-) Pensionisten besetzt.

Ganz Wien? NEIN!

Ein von einem unbeugsamen Betreiber geführtes Lokal namens „Roter Engel" hört nicht auf, der allgemeinen Tristesse Widerstand zu leisten.

So oder so ähnlich haben wir Jungmusiker, die das Vergnügen hatten, in „unserem" Roten Engel, oft nur für Käse, Brot und Rotwein (vornehmlich französischen) ab und an auch für ein paar hundert Schilling, ein- bis zweimal die Woche zu gastieren und damit das mehr oder minder geneigte Publikum zu unterhalten, die damalige Situation in der Innenstadt empfunden.

Satke und seine Mannen (und Frauen – so viel Zeit muss sein) haben es sich nicht nehmen lassen, den Leuten teils durchaus gehobene popmusikalische Kleinkunstunterhaltung zu bieten. Stilistisch unterschiedlichste Solisten und Solistinnen sowie Formationen aus ganz Österreich haben dort vorübergehend eine Heimat gefunden.

Oft auch an einem Abend gleich mehrere. Was wiederum dazu geführt hat, dass, so mich mein schwächer werdendes Erinnerungsvermögen nicht täuscht, des Öfteren bis in die frühen Morgenstunden gemeinsam musikalisch improvisiert wurde.

Wenn es für mich bei der Gschicht anfangs überhaupt einen Nachteil gab, dann den, dass die meisten anderen Kollegen und Kolleginnen (in Wien muss man jetzt auch Wapplerinnen sagen ...) zu der Zeit über ein relativ großes „Standardrepertoire" verfügten und sich das meinige auf wenige allgemein bekannte Stücke reduzierte.

So sah ich mich gezwungen, aus der Not eine Tugend zu machen und meine solistische Darbietung auf die Ebene des musikalischen Aktionismus zu heben. Dies mit dem Effekt, mich und mein Programm Abend für Abend mehr oder weniger neu zu erfinden.

Zumeist ging das ganz gut. Ab und an sah sich die Geschäftsführung jedoch genötigt, sicherheitshalber die Livemusikbar, so bereits halbwegs gefüllt, kurzfristig für ein knappes Stünderl zuzusperren, damit auch ja keiner der Anwesenden auf für den Künstler und die Belegschaft unerfreuliche Ideen kommt. Dies hat, soweit ich mich entsinne, niemand wirklich gestört – außer die, die draußen gewartet haben.

Auch das muss man sich trauen, als Veranstalter. So vergingen ein paar Jahre, und nachdem der Rote Engel für mein damals stetig wachsendes Publikum und mich zu klein wurde, habe ich mich schweren Herzens sukzessive verabschiedet. Als Musiker, nicht als Gast.

Danke für die feine Zeit.

WWW.MO-MUSIC.COM

JOSEF NÖBAUER

TREFFEN FÜR 24 STUNDEN

Wir waren vier junge Männer mit bildnerischer Verve, die in den späten Sechzigerjahren Malerei bei Max Weiler an der Akademie der bildenden Künste studierten. Die gegenseitige Wertschätzung unserer doch so sehr verschiedenen Arbeiten hat uns verbunden.

Freunde geworden, trugen wir uns nach Jahren mit dem Gedanken, an unserer alten Schule gemeinsam auszustellen. Kurz gesagt: Das Projekt kam nicht zustande! War der Grund die heikle Befindlichkeit an einer Kunstakademie, geführt von Künstlerprofessoren, oder waren wir schlicht und einfach zu wenig würdig für das so ehrwürdige Haus? Wir wissen es bis heute nicht. Was tun? Es fiel mir sehr schnell Michael Satke ein. Vorurteilslos, spontan und begeisterungsfähig, nicht nur in Sachen Kunst – aber eben auch –, war er sofort bereit, uns seine Räume über dem Roten Engel zur Verfügung zu stellen. Herkömmliches Ausstellungsprocedere wurde entsorgt und Michael Satke entschied sich, das Projekt *Treffen für 24 Stunden* zu nennen. Wir vier Aussteller fungierten auch gleichzeitig abwechselnd als Ausstellungswärter – ich nehme an, ein Novum. Eine Ausstellung nur für 24 Stunden – das war eine doch sehr begrenzte Zeit. Vielleicht ein Lockmittel? Das darf man nicht verpassen, wird man sich vielleicht gedacht haben. Durchaus viele Besucher haben uns vieren die Ehre gegeben. In den Morgen hinein hielt sich der Andrang jedoch in Grenzen. Ob die Ausstellung ein großer Erfolg war, bedarf nicht der Beurteilung der vier Proponenten. Jedenfalls waren wir äußerst zufrieden, unsere Arbeiten in den attraktiven Räumen präsentieren zu können – Chapeau bas, dir Michael!

Postskriptum:
Nachgedanke zu Erfolg und Berühmtsein. Der Schreiber dieser Zeilen hat ein großes Faible für die Bezeichnung vieler Künstler des Mittelalters – Unbekannter Meister.

WIKIPEDIA.ORG

MEINE ZEIT IM ROTEN ENGEL

Da ich ein beinahe pathologisch schlechter Verwalter meiner Vergangenheit bin, weiß ich tatsächlich nicht, wann ich genau im Roten Engel als Kellner gearbeitet habe. Es muss so zu Beginn der Neunzigerjahre gewesen sein. Es gab damals vermutlich einige Lokale in Wien mit Livemusik, aber irgendwie war es im Roten Engel doch ein zentrales Feature, dass tatsächlich jeden Abend eine Band auf der Bühne war und musizierte. Natürlich gab es auch zu essen und zu trinken. Das Speisenangebot war, soweit ich mich erinnern kann, übersichtlich, aber fein, die liquide Versorgung der Gäste war reichhaltig und erlesen. (Immerhin; damals schon australischen Rotwein! – Ich wusste gar nicht, dass es sowas überhaupt gibt.)

Aber das, warum man jedenfalls spätabends in den Roten Engel ging, war meiner Beobachtung nach die Musik. Die Bands waren durchwegs gut bis sehr gut, sehr viele Musikstudenten haben sich da Bühnenpraxis erarbeitet, und mir ist ein Erlebnis in Erinnerung, das zeigt, wie hoch das Niveau der Musiker – auf jeden Fall teilweise – war. Ein Freund von mir, selbst Berufsgitarrist, war zu Gast und auf der Bühne steht der damals noch sehr, sehr junge Alex Machacek und spielt Gitarre. Und zwar atemberaubend. Und mein Freund stellt sich neben mich und nachdem wir eine Zeit lang dem hochvirtuosen Feuerwerk, das Alex abgebrannt hat, zugehört hatten, sagt mein Freund in erwachsener Wehmut: „Da ist jetzt eine Generation von Gitarristen am Start, die können was, das werd ich nie mehr lernen."

Diese Dichte und Fülle an wunderbaren Musikern war damals wohl einzigartig in Wien. Sicherlich gab es auch andere Lokale, in denen regelmäßig musiziert wurde, aber das war dann eher themenschmal Blues oder Jazz oder Folk. Nur im Roten Engel konnte man an einem Tag einen Liedermacher solo mit akustischer Gitarre und am nächsten Tag eine Funkband in großer Besetzung mit drei Bläsern und tags darauf hochreinen Jazz in klassischem Trio erleben.

Die Begegnungen, Bekanntschaften bis hin zu Freundschaften, die ich als Kellner mit den Musikern dort erlebt habe, sind für mich sehr wichtig. Eines Tages war Semesterschluss und die Jazzstudenten hatten Abschlussprüfung an der Hochschule. Und ich habe es als Ehre erachtet, dass ich von ihnen eingeladen wurde, um der Prüfung, die ja öffentlich war, beizuwohnen. Und ein bisserl hab ich eine seltsame Art von – weit ungerechtfertigtem – Vaterstolz empfunden, wie ich dabei sein durfte, als die, deren Werdegang ich ein Stück weit beobachten durfte, mit einem grandiosen Konzert ihre Ausbildung beendeten. Und ich freue mich, dass viele dieser Musiker, deren Karrieren ich von einem frühen Zeitpunkt an verfolgen durfte, jetzt erfolgreich sind und mit dem, was sie so gut und gerne machen, die Welt bereichern.

WWW.GUNKL.AT

BERND RENGELSHAUSEN

CHARLES & EDDIE & ICH

Anfang der Neunzigerjahre Jahre gelang Charles & Eddie, dem amerikanischen Soulduo aus New York, mit ihrem ersten gemeinsamen Song, „Would I Lie To You", ein Welthit. Mit diesem Song eroberten sie die Musikcharts der ganzen Welt, auch in Österreich war der Titel Nummer 1 der Hitparade, im Radio wurde „Would I Lie To You" rauf und runter gespielt. Auch auf den diversen TV Channels wie MTV und Viva oder der Sendung „Top of the Pops": heavy rotation! Charles & Eddie waren richtig bekannte internationale Popstars, als sie 1995 im Rahmen einer europäischen Promotour für ein neues Album auch Wien besuchten.

Ich wollte den österreichischen Medien und den Wiener Fans im Rahmen meiner Tätigkeit als PR-Manager der EMI Records etwas Besonderes bieten und bemühte mich um die Zusage eines Liveauftritts in einem Wiener Lokal.

Der Rote Engel war zu dieser Zeit bereits eine bekannte und sehr beliebte Spielstätte für österreichische Musiker, ich selbst hatte das Livelokal sehr oft frequentiert und tolle Musik in einzigartiger Atmosphäre erleben dürfen. Ich informierte also meinen Freund, den Geschäftsführer des Roten Engel, Wolfgang Beneder, der ob der Idee sogleich begeistert war und das Lokal für einen Unplugged- bzw. Halfplayback-Auftritt der beiden Amerikaner zur Verfügung stellte. Die Sache hatte nur einen Haken: Der Auftritt konnte nicht großartig angekündigt werden, war in erster Linie geladenen Gästen, Medienpartnern, Competition Winnern vorbehalten und musste aus Zeitgründen am späten Nachmittag beginnen. Die Kapazität des Roten Engel einerseits und das Zeitmanagement andererseits zwangen mich zu dieser Maßnahme.

© ANDRA MUELWISCH, 1995

Die Anreise der beiden Popstars und ihrer Entourage gestaltete sich wie's gehört (sic) spektakulär, in zwei großen schwarzen Limousinen, die am Rabensteig direkt vor dem Lokal geparkt wurden. Fotografen und ein Kamerateam sowie eingeweihte und neugierig gewordene Passanten drängten sich auf dem Platz vor dem Lokal.
Mein Freund Wolfgang hatte auf einer schwarzen Schiefertafel mit weißer Kreide das Konzert wie folgt angekündigt: HEUTE UM 17.00 LIVE IM ROTEN ENGEL: KARLI UND EDUARD!

Der Auftritt wurde zum Höhepunkt der Promotiontour, der Rote Engel war trotz Uhrzeit und „top secret" brechend voll, die Künstler waren von der dampfenden Atmosphäre angesteckt, das Publikum groovte zu den coolen Dance Songs, man wähnte sich in einem Club in New York, Miami oder Hollywood. Man war im Roten Engel in Vienna!

Spezielle Momente wie diese entstehen, wenn man auf Menschen wie Michael Satke und meinen Freund Wolfi Beneder trifft, mit denen man Leidenschaft und Visionen teilen kann, die an die Umsetzung einer Idee glauben und sich über das Ergebnis freuen! Was blieb von diesem Magic Moment? „Would I Lie To You" blieb ein One-Hit-Wonder, die Gruppe trennte sich Ende der Neunziger, Charles Pettigrew verstarb 2001 im Alter von 37 Jahren, Eddie Chacon lebt in Kalifornien, EMI Records wurde filetiert, den Roten Engel gibt's nicht mehr. Was bleibt, ist die Erinnerung an einen unvergesslichen Abend, eine schöne Anekdote in der Biografie des Kultlokals Roter Engel und in meiner eigenen.

Dankbar für viele schöne Stunden und Nächte im Roten Engel: Bernd Rengelshausen, Musikmanager im Unruhestand.

R.I.P. Charles Pettigrew

FACEBOOK.COM

HEIDI SPACEK-SIDON

Meine ersten Spuren in der Musikwelt hinterließ ich bei der Konzertagentur „Stimmen der Welt" von Joachim Lieben, 1967–1978.

Im Frühjahr 1978 kam ich zu BMG Ariola Austria. Ich trat meinen neuen Job als Promotion-Managerin mit einem sehr großen nationalen und internationalen Repertoire an.

Einer meiner ersten Präsentation war in der Reiss, der damals angesagtesten neuen Bar (designed by Coop Himmelblau) in Europa. So lernte ich Michael Satke kennen, und es wurde eine interessante Freundschaft.

Durch meinen Job in der Musikindustrie entstanden immer wieder Berührungspunkten. Ein Glaserl Sekt in der Reiss wurde zu einem „Fixpunkt" für mich, ein Gespräch mit Michael war unausweichlich.

© SABINE HAUSWIRTH

Eines Tages kam Michael mit der Idee, eine Weinbar mit einer Bühne, auf der junge Musiker auftreten konnten, zu eröffnen. Wir waren begeistert, schon der Platz am Rabensteig, später „das Bermudadreieck" genannt, versprach viel. Dieses ungewöhnliche Unternehmen erhielt den Namen „Roter Engel".

In den Siebzigerjahren hatte ich die Filme von Rainer Werner Fassbinder entdeckt und war begeistert. Einer der außergewöhnlichen Darstellerinnen fiel mir auf. Es war Ingrid Caven, seine Frau. Sie war nicht nur Darstellerin, sondern eine wunderbare Sängerin deutscher und französischer Chansons. Ingrid Caven war in den Achtzigern der deutsche Star in Paris.

Irgendwann sprachen wir über die Eröffnung des Engels und welcher Künstler dafür in Frage käme. Michael fragte mich, ob ich zu Bob Dylan eine Verbindung herstellen könnte. Das gelang nicht.

Da kam mir die Idee, Ingrid Caven für die Eröffnung des Roten Engel vorzuschlagen. Michael Satke war begeistert. Heute kann ich nicht mehr feststellen, wie ich zum Management-Kontakt kam, aber es gelang! Michael kam mit einem Kontrakt aus Paris zurück. Der 22. Mai 1981 wurde als Eröffnungskonzert vereinbart.

Der Engel war ein einzigartiger Auftrittsort – in der Künstlergarderobe (Baustelle) wurde charmant improvisiert. Ingrid Caven war fantastisch und alle begeistert.

Für mich und meine internationalen Künstler wurde der Rote Engel zu einem Fixpunkt, nach den Konzerten noch auf einen Drink mit den Musikern aus aller Welt vorbeizuschauen.

WWW.LINKEDIN.COM

RUDI STANZEL

Michael Satke war schon immer ein Pionier. Das bewies er auch, als er mich fragte, ob ich in der Galerie Roter Engel ausstellen wollte. Ich, jung, schön, eine vielversprechende künstlerische Karriere vor mir, musste den Schritt von der Angewandten zum Kunstmarkt wagen und sagte zu. Dort sollte also meine erste Ausstellung stattfinden.

Die Ausstellungsräume befanden sich oberhalb des Roten Engels und waren riesig. Wenn ich mich richtig erinnere, war das meine bis heute größte Ausstellung.

Damals waren die Neuen Wilden in und Neo-Geo im Aufkeimen. Meine schwarz/weiß/grauen Bilder waren keine wilde Malerei und meine Linien und Rechtecke nicht streng genug für Neo-Geo. „Grau ist die Farbe der Achtzigerjahre", sagte Peter Weibel in einem Video, das durch die Ausstellung führte. Hubert Winter meinte, dass ich, wenn ich schwarz/weiß fünfzig Jahre durchhielte, vielleicht einen Orden bekäme. Um Erfolg zu haben, müsste ich jedoch anfangen zu malen. Julius Hummel konnte ich für meine Arbeit begeistern, und bald hing ein Bild von mir zwischen jenen von Beuys und Oberhuber in seiner Galerie. Das erste Bild jedoch kaufte Inge Bienenstein in der Ausstellung im Roten Engel.

Die Vernissage war beeindruckend, besonders für meine Eltern, die extra aus Windischgarsten angereist kamen und den nie enden wollenden Fluss von österreichischem Sekt genossen. Ich hatte sie ewig nicht gesehen, weil ich mich vor Jahren als „verlorener Sohn" verabschiedet hatte.

Auch der Gesellschaft gegenüber fühlte ich mich verloren und fragte mich, ob, wie und wann meine Gedanken und Überlegungen Relevanz bekämen. Dank der Kunst und der Möglichkeit auszustellen, konnte ich so etwas wie eine gesellschaftliche Andockstelle erhalten.

WWW.RUDISTANZEL.COM

© ROLAND KRAUSS

THOMAS M. STROBL

DAMALS …

Wenn mich der Wolfi Beneder 2017 fragt:
„Was war für dich das Besondere am Roten Engel?",
dann schreibe ich Folgendes:
Ein Wohnzimmer am Rabensteig, in dem ich zu jeder Tages- und Nachtzeit
Musikerkollegen und andere lustige Menschen treffen konnte.
Ein Ort, wo quasi jeder jeden gekannt hat. Und eine lange Bar,
an der die Nächte noch länger wurden und trotzdem der Schmäh nie ausging.
Es gab zum Beispiel ja Zeiten, wo ein gewisser Günther Paal (heute weltberühmt in Österreich
als Gunkl) mit sonorer Stimme nicht nur die Getränke verteilte,
sondern auch persönliche philosophische Anmerkungen mitservierte.

Ach ja, und da war dann noch ein Platz, der dem Andy Baum „gehört" hat.
Ich habe mit Jazz Gitti and her Disco Killers an die hundert Mal dort gespielt,
und mit Viktor Gernot and his Best Friends (damals Viktor Gernot und Animal House) noch öfter.

Der Andy war gefühlt jedes Mal dabei; an „seinem" Platz.

Eines Abends war der Baum nicht da. Ich frage einen Kellner: „Wo ist denn der Andy?"
Antwort: „Der spüt heut a Benefiz fürn Tierschutzverein."
Ich: „Echt, der Andy fürn Tierschutzverein? Wer spielt dort noch?"
Darauf der Kellner: „Der Hirsch, der Baer und der Lux!"

Ob es wahr war, oder ein Roter-Engel-Schmäh,
kann ich nach all den Jahren nicht sagen, aber,
dass ich es mir über die Zeit gemerkt habe …
das ist halt das Besondere gewesen,
an „meinem Roten Engel".

WWW.DER-STROBL.AT

ALEXANDER SCHUKOFF

EIN WUNDER PUNKT

„Text!"
So begrüßte mich Michael Satke am roten Teppich der Vienna Contemporary bei der Vernissage im September 2017.
Und dieses Wort „Text" war wie ein Messerstich. Ein Finger auf eine offene Wunde.
Die Erinnerung an ein Versäumnis: ein Werk, das nie entstanden ist. Und damit meine ich jetzt nicht diese Zeilen, die ich versprochen hatte und woran mich Michael erinnerte.

Es muss irgendwann um 1980 gewesen sein, als ich Michael in der „Wunderbar" kennenlernte. Gert Winkler dürfte uns einander vorgestellt haben oder Ed Schulz.

Jedenfalls hatte ich bereits seit ein oder zwei Jahren meine kleine Dachwohnung in der Griechengasse, dem kleinen alten Haus an der Stiege zwischen Schwedenplatz und Fleischmarkt. Das da schon seit Jahrhunderten herumsteht, mittlerweile mein Firmensitz ist und die Geschäftsadresse des Friseurs Erich. Nur Erich – kein Familienname. Erich reicht.

Und wie ist das nun mit dem Messerstich und dem wunden Punkt?

Der Rote Engel, die Veränderung, die er in einem Stadtteil ausgelöst hat – auf der anderen Seite auch architektonischer Ausdruck dieser Veränderung selbst – ist eng mit meinem Werdegang verbunden. Räumlich und zeitlich.

Ich besuchte die Wiener Filmakademie. Wir waren ja Künstler und haben „besuchen" gesagt, „studieren" war was für die anderen. Jedenfalls daneben habe ich damals regelmäßig die Wunderbar besucht, wohl täglich. Abends. Nachts.

Die meisten Wiener sind ja vom Charakter her Stammgast. Aber das war nicht der Grund, warum wir in der Wunderbar abhingen. Man kann das nur schwer nachvollziehen, wenn man sich die Gegend um den Schwedenplatz heute anschaut: Es gab NICHTS in unmittelbarer Nähe zu meiner Wohnung als die Wunderbar in der Schönlaterngasse.

Was gab es?

Naja, da war im Nachbarhaus eine Hafenkneipe – echt – eine Hafenkneipe, das „James" – sichtlich eine Hommage an James Cook mit Fischernetzen, Fotos von der Südsee, schummriger Beleuchtung und Fotos von Hans Albers oder Freddy Quinn?
Dann gab es ein englisches Pub auf der Rotenturmstraße, ich glaube „George and the Dragon" genannt. Beide Lokale sind heute Eissalons. Und in der Seitenstettengasse der „Kuchldragoner". Das war's.

Studenten, Künstler, Intellektuelle, Nachtschwärmer haben sich damals in der Wunderbar, im Kleinen Cafe bei der „Jazz Gitti" oder im Hawelka getroffen. Und die Gegend von der Rotenturmstraße zur Ruprechtskirche war in der Nacht überhaupt finster. Ich denke, da wurden gegen zehn am Abend sogar die Laternen ausgelöscht.

Tagsüber gab es etwas Leben, das mich an Brooklyn erinnerte, nur ohne viele Menschen auf der Straße. Kleidergeschäfte, aber auch an Handwerksläden erinnere ich mich.

Dort am Rabensteig, eigentlich ein kleiner Platz, traf ich dann Michael Satke. Mit einer, in urbanen Gegenden, auffälligen Erscheinung: ein stattlicher Mann mit langem Bart, den ich später als Sepp Fischer kennen lernte. Bald war dort das Krah Krah aus dem Boden gestampft und gegenüber, eine Baustelle. Am Styling und den Brillen machte ich Architekten aus, die vor der Baustelle sinnierten. Der Startschuss für den Roten Engel war gefallen, eine „Liederbar" entsteht.

Das Krah Krah, ein Bierlokal, war bereits zum Inlokal geworden, bin mir nicht sicher, ob es diesen Begriff damals schon gab, jedenfalls kamen immer mehr Menschen in die Gegend, nachts und bald auch tagsüber.

Noch während der Filmakademie begann ich fürs Fernsehen kurze Lifestyle-Filme zu drehen, zuerst für die Unterhaltungsabteilung unter Kuno Knöbl, dann für den legendären Franz Kreuzer. Ich sollte Trends, Moden und Strömungen aufspüren und Einblicke gewähren. Was ist in, wo entsteht was Neues. Zum Beispiel auch über den Boom der Stadtzeitungen, Magazine für Menschen, die die Stadt und seine Veranstaltungsangebote nützen wollen. „Wiener" und „Falter" und so. Passend übrigens auch, dass Michael auch ein Mitgründer des „Wiener" war. Aber auch Filme über Typen wie Waluliso oder Miniröcke oder junge Musikgruppen etwa Chuzpe oder Minisex. Und über neue Lokale. Ausgestrahlt wurden diese Filmchen – obwohl ohne Text, nur auf Musik geschnitten und mit ein paar Statements – sogar in den Nachrichten. In der Sendung „10 vor 10". Danke, Robert Hochner.

Und wie ist das nun mit dem wunden Punkt oder was hat der Rote Engel mit Simmering zu tun?
Der Engel war nun eröffnet, die Eröffnungsklänge von Ingrid Caven sind eher an mir vorübergegangen. Die imposante Deckengestaltung aus chromglänzendem Stahl passte mir gut ins Bild: ein kleines Filmchen, ein Dreh im Engel, ein Szenebericht, die Jugendkultur der Achtziger, wir nannten das New Wave. Als Einstimmungsfilm über einen „Club 2", über alles, was so gerade abseits der Hochpolitik passiert. Aber das war nicht jener berüchtigte „Club 2", in der Nina Hagen uns zeigte, was passiert, wenn sie allein im Bett ist.

Langsam siedelte ich von der Wunderbar in den Engel (Insider ließen das „Rot" weg), das war auch eine new wave. Die Stammgäste hier waren naturgemäß nicht die gleichen wie in der Wunderbar. Direkte aktive Kommunikation war aufgrund der Musiklautstärke bis ein Uhr nachts eher aufs Bestellen beschränkt, doch ich blieb zumeist eh länger.
Viel länger.

„DEIN KELLNER KOMMT ERST UM SIEBEN"

Im Engel hatten die Kellner ihre Reviere, die Tische und Stehpults, wie es in vollen Lokalen wegen der Übersicht üblich war, waren streng eingeteilt. Oft hörte man von einem Engel-Kellner – deren Sprüche übrigens einzigartig waren, nicht nur weil auch „Gunkl" dort gearbeitet hat, ich denke da auch an Schachi, Bodo, Werner und Walter – also oft hörte ein Gast, wenn er bei einem vorbeihuschenden Kellner etwas wollte, dass ein anderer Kellner für diesen Tisch zuständig sei. „Euer Kellner ist der da drüben ..." also nicht ungewöhnlich in gut besuchten Lokalen.

Aber ein Gast, ein ortsbekannter Ungustl, hörte einmal bei der Bestellung, dass der für ihn zuständige Kellner erst um sieben Uhr kommt.
Es war gerade fünf geworden.

Ich hab die Leute im Engel, auch „das Personal" genannt, sehr geschätzt, manche sind jedenfalls zu Freunden geworden. Ich bin ja kaum vor drei oder vier aus dem Engel, und die letzten Gäste waren die Kellner selbst, nach der Arbeit noch ein langsames Runterkommen.
Mit einer Würfelpartie.
Im geschlossenen Lokal.

Ein besonderes Privileg genossen die Freunde des Hauses. Der Engel war ja zeitweise so gerammelt voll, dass man bei der Tür nicht mehr hineingekommen ist. Da habe ich zwei, drei Songs gebraucht, um zu „unserem" Platz zu kommen, dieser war am unteren Ende der Bar, besser gesagt: dahinter. Da konnten wir, die VIPs, die Freunde, Backstage die Performances genießen. Wenn man es bis dorthin geschafft hat, dann war man wirklich dabei.
Im Engel.

Mittlerweile boomte das ganze Grätzl, der Rote Engel und das Krah Krah haben ein Dutzend anderer Lokale nachgezogen, in der Seitenstettengasse reihte sich ein Lokal ans andere, es entstand schließlich der Begriff Bermudadreieck. Keine Ahnung, wer diesen Ausdruck geprägt hat. Auf jeden Fall passte er gut für eine Gegend, in der man verloren gehen kann, oder auch verschwinden, abtauchen.

Wobei die meisten dann doch wieder aufgetaucht sind. Oder – und das habe ich ganz vergessen – um halb fünf in der Früh im Café Kammerspiele ein Gulasch, Wiener Schnitzel oder einen Grillteller schmausten. Dort, wo heute das Hardrock Café ist, gab es die ganze Nacht warme Küche. Was natürlich Nachtschwärmer aus der ganzen Stadt anzog.

Und dann bei Sonnenaufgang am Schwedenplatz den Tag begrüßten.

Oder wie ich – das Bett.

Beim Einschlafen hatte noch oft das Dröhnen der Musik im Ohr: Tschakos „Schimmliges Brot", Hannibals opulente Rockoper, die Gitarre von Andy Baum, die witzigen Anmoderationen von Viktor Gernot, die Ziehharmonika von Hubert von Goisern, den tosenden Applaus bei Jazz Gitti, Tini Kainrath mit ihren Girls und meine absoluten Favorits: die rockige Band Charlie Horak um Leo Bei und Bernie Penzias.

Ein Sound-Mix wie ich es nur im Engel erlebte, mal Balladen von Neil Young wie „Man Needs a Maid" bis zu „Hey Jude" von ich glaube den Drei Glorreichen Sieben die immer zu viert auftraten, bei denen das ganze Lokal mitsang. Auch der Wolfi, der wachsame Geschäftsführer.

So ist nun aus dem verschlafenen Viertel rund um mich herum ein pulsierendes Viertel geworden. Der Rote Engel hat ein Stadtviertel verändert und die Stadt selbst ungemein bereichert, wie auch Kulturstadtrat Andreas Mailath-Pokorny befand, als er Michael Satke das Goldene Verdienstzeichen des Landes Wien umhängte.

SIMMERING

Der Stadtteil Simmering hat nun mit dem Roten Engel wirklich nichts zu tun.

Aber es erklärt meinen wunden Punkt.

Text – und keine Bilder – ist der Beitrag zu meinen Erinnerungen an die Metamorphose aus einem heruntergekommen ehemaligen Textilviertel zu einem Touristenmagnet.

Weil ich keine Fotos oder Filme habe.

Zur gleichen Zeit als der Rote Engel Aufbruchstimmung hier in dem Viertel auslöste, hatte ich mein erstes Filmprojekt herausgebracht, eine impressionistische Kinodokumentation über den Bezirk Simmering. Auf der Filmakademie produziert und von der Stadt Wien subventioniert. Wir drehten ein Jahr lang in Simmering, um das Leben in einem Peripheriebezirk einzufangen, das die meisten Menschen nur vom Durchfahren zum Flughafen kannten. Da entstand ein preisgekrönter Film, der heute noch als Dokument für österreichische Zeitgeschichte zu sehen ist, sowohl im Kino als auch auf Online-Cinema-Plattformen.

„Simmering" ist nun wirklich ziemlich weit entfernt vom „Bermudadreieck", wie der Wiener weiß. Aber was hier in meinem Wohnzimmer passiert ist, rund um den Roten Engel, das kann ich nicht in Bildern erzählen. Da habe ich nicht hin und wieder eine Kamera wo aufgebaut und auf den Knopf gerückt. Wie hat die Tischlerei wohl ausgesehen, die etwa dort um die Ecke war, wo der Rote Engel heute ist? Wie haben die wenigen Menschen einander begrüßt, als sie die Rollläden ihres Fetzengeschäfts hochzogen? Als noch die Autos durchfuhren?

Gewiss hatte ich einige Drehs für verschiedene Projekte im Roten Engel, habe auch eins der Abschiedskonzerte gefilmt und durfte auch das gesamte Konzertarchiv aufbereiten.

Aber ...

Den Film „Simmering", den gibt es.
Den Film „Vom Rabensteig ins Bermuda Dreieck" gibt es nicht.

Aber vielleicht ist der Weg vom Michael eh produktiver:

Das Zusammensetzen vieler persönlicher Erinnerungen, wo teilweise was vergessen wird, dazugefügt, verklärt, verwischt, selektiert oder ausgespart. Gestattet es dem Betrachter doch, auch noch seine eigenen Bilder der Erinnerungen miteinzubringen und sich in die Story zu platzieren.

Spricht eigentlich gegen das Filmemachen und fürs Lokale Bauen -; Danke, Roter Engel.

WWW.SCHUKOFF.COM

TSCHAKO

TSCHAKO IST IN DER STADT

„Tschako ist in der Stadt!" war da auf riesigen A-1-Plakaten zu lesen und das so angekündigte Subjekt, also ich, stand staunend und stolz vor dem eigenen Konterfei. „Jetzt hast du Stufe zwei auf deinem Weg zum Popstar erreicht", dachte ich (laut) und wollte mich erst gar nicht von dem Anblick lösen. Nicht nur beim Roten Engel, meinem Stamm- und Exklusiv-Club, war mein damals noch sehr junges, leicht geschminktes und irgendwie laszig wirkendes Gesicht auf rosa (why Rosa?) Untergrund zu sehen – auch in U-Bahn-Stationen, auf diversen Plakatwänden und überhaupt: „Tschako ist in der Stadt!" Es war mein erstes großes Plakat und bis heute mein liebstes (leider besitze ich kein Exemplar – wer ein solches hat, bitte melden!). Es gab noch viele Plakate, manches war eher Unsinn („Die Rasierklinge der Nation"), manches gewollt komisch („Kirche ohne Klo"), manches wirklich witzig („Tschako & Herwig gegen Kaspar, Melchior und Balthazar"). Aber reingeknallt, so richtig reingeknallt hat nur eines: „Tschako ist in der Stadt". Was gibt es mehr zu sagen? Ein paar Dinge schon.

Tschako kam in die Stadt, genauer gesagt im Sommer 1981, obwohl es ein paar Jahre gedauert hatte, bis ich mich vom leicht, aber mit Magendrücken verdienten Geld, das ich als Tanzmusiker in Vorarlberg einnahm, trennen konnte und wollte. Andererseits rannten die Flippers, Bambis & Co. sowie ihre Fans ja nicht weg, und da ich zunehmend eigene Lieder schrieb, die sich so gar nicht mit den Damenkränzchen in nach Tieren benannten Gasthöfen vertrugen, war der Weg in die Großstadt der einzig gehbare. Natürlich Wien, denn hier versteht man die Menschen, man braucht keine Aufenthalts- und Arbeitsgenehmigung (wir sprechen von 1981!) und allzu weit wollte man sich vom sicheren Heimathafen auch nicht entfernen, sollte Mal wirklich das Geld ausgehen. Später traute ich mich nach Hamburg und sogar kurz nach London, aber von Bregenz ausgehend war Wien damals schon ein gewagter Schritt (schließlich studierte ich ja nicht und bekam daher auch keine elterliche finanzielle Unterstützung). Also war Arbeiten, sprich Auftreten angesagt. „Probier es doch im Roten Engel", war der mehrfach gehörte Tipp auf die Frage, wo man dies in der Bundeshauptstadt denn könne; die Auswahl war damals nämlich noch erstaunlich knapp für jemanden, der sich nicht so richtig zwischen Liedermacher und Punk entscheiden konnte. „Nächste Woche ist Vorspielen", meinte ebendort ein braun gebrannter netter Mann mit halblangen Haaren („Beneder kennt jeder", nur ich damals noch nicht) und ich fieberte, mich an alte Schulzeiten erinnernd, dem Termin entgegen.

Tschako war in der Stadt und das Vorspielen weit weniger peinlich als erwartet, auch wenn ich mich nur mit einer akustischen Gitarre bewaffnet der sehr kleinen Jury stellte. Tatsächlich wurde ein Konzerttermin vereinbart. Natürlich besuchte ich den Roten Engel schon vor diesem regelmäßig, um mir die anderen Barden anzuhören. Diese waren zwar gut, verzichteten allerdings mehrheitlich auf zwei Dinge: die deutsche Sprache und den Einsatz elektronischer Hilfsmittel. Also nutzte ich die Zeit bis zum Debut, um jede Menge deutschsprachiger Songs zu komponieren und mich mit E-Gitarre, Beat-Box, Effektgeräten und allerlei Firlefanz auszustatten. Dies zehrte zwar an meinen ohnehin geringen Ersparnissen, waren aber – bis heute! – die wohl acht kreativsten Wochen meines Lebens. Ich war angekommen.

Tschako ist mitten in der Stadt und mit dem Vorwurf, hoffnungslos kitschig zu sein, kann ich ohnehin leben – jedenfalls drückte es mir an diesem ersten Abend Tränen des Glücks in die Augen. Der Rote Engel war knallvoll; selbstverständlich hatte ich alle Freunde und Bekannten – damals noch hauptsächlich in Wien lebende Vorarlberger – zu einem Besuch motiviert und der Erfolg war dann auch überwältigend. Jetzt ist Bescheidenheit zwar ohnehin nicht meine herausragendste Eigenschaft, aber auch neutralere Zeitzeugen konnten sich meinen ersten Konzerten im Roten Engel nur schwer entziehen. Vielleicht war die Euphorie nie mehr so ausgeprägt, selbst wenn später weit mehr Menschen zuhörten oder auch mal Kameras liefen. Das erste Jahr im Roten Engel war betreffend Live-Auftritten das beste, das ich je erlebte. Warum? Vor allem lag es an der Atmosphäre des Lokals, dem man auf den ersten Blick vielleicht Platz für gut dreißig Gäste zugetraut hätte. In Wahrheit näherten sich die Zuschauerzahlen dem dreistelligen Bereich, was die Kellner dazu brachte, fast nur noch über Kopf zu bedienen (aber wehe, jemand vergas ein Bier zu zahlen!). Bei der heißen und stickigen Luft im Lokal fiel es schwer, einen kühlen Kopf zu bewahren – aber wer wollte das schon? Der Rote Engel war 365 Mal im Jahr Musik, einer der ersten urbanen Clubs Österreichs und nicht nur meine persönliche Hebamme – auch spätere Stars wie Hubert von Goisern, Leo Bei oder

Günther Mokesch betrachteten den Rabensteig Nr. 5 als ihre Kinderstube. Und ich jung und mittendrin.

„Tschako ist in der Stadt", las man also zwei Jahre später. Mittlerweile gehörte ich zum Inventar, konzertierte mindestens einmal pro Woche (die Auftritte waren, so nicht allzu sehr unter dem Einfluss anregender Getränke stattfindend, immer noch gut und gut besucht) und hatte mich mit Besitzer Michael, Geschäftsführer Wolfgang, sämtlichen Kellnern und vielen Gästen angefreundet. Man kannte und mochte sich, und auch wenn ich mehr Pläsierchen hatte als andere Tierchen, schätzte man den schrägen Vorarlberger. Mittlerweile bediente ich immer öfter auch die Knöpfe der Ton- und Lichtanlage, nicht zuletzt, weil ich ohnehin einen Guttteil meiner Zeit im Roten Engel verbrachte und damals für jeden Schilling froh war. Man spielte oder mixte also, feierte nach Feierabend – also in den frühen Morgenstunden – mit einem Teil der Belegschaft einen „Wurf zur Mitte" (des Würfelbretts) und verbachte die frühen Morgenstunden bei einem Katerfrühstück (oder eigentlich Abendmahl) in den Kammerspielen. So schön das alles war, es schlich sich doch eine gewisse Monotonie ein, und die sollte ja laut „Ideal" in der Südsee passieren und nicht in Wien. Zwar passierte immer noch einiges – „Karin" wurde bei der „Roten Engel Gala" von mehreren hundert Menschen mitgesungen und die Szene Wien sowie das Metropol wurde mit einer eigens zusammengewürfelten Band bespielt – aber die Magie der ersten beiden Jahre begann zu verblassen; und es sollte einige Jahre dauernd, bis sie ein letztes Mal erstrahlte.

„Tschako ist nicht oder nur noch selten in der Stadt", hieß es dann für einige Zeit. Ich probierte es beim Theater und tourte mit Lilo Wanders ein Jahr durch Deutschland, spielte immer wieder (und immer öfter) im Ländle Tanzmusik, um dem Bankrott zu entrinnen, und verlegte mich mehr und mehr aufs Texten, sei es in Zeitungen, sei es in Werbeagenturen. Der Rote Engel war aber immer noch meine erste und meist einzige Wiener Auftrittsadresse, wenn auch nur mehr gelegentlich und nicht mehr in bewährter Solo-Manier. „Tschako und der kleine Prinz" tanzten auf ähnlichen Hochzeiten wie Max Raabe und Roger Cicero (allerdings mit doch etwas kleineren Schritten), „Fräulein Jäger" fischte in Teichen, die von den Girlie-Bands der Ssechzigerjahre und den B-52's aber schon der meisten Goldbrassen beraubt worden waren und mit dem Spaß-Postpunk-Trio „P" wurde noch am ehesten der alten Zeit gehuldigt. Auch wenn mehr oder weniger immer noch die alte Crew im Engel war, hatten die Konzerte plötzlich eher etwas von Besuchen. „Wie geht's?" war die erste Frage – anno dazumal wusste man, wie es dem anderen geht. „Wie ist der, der morgen da spielt; gut?", erkundigte ich mich; anno dazumal wusste ich von jedem, wie er war und – wenn er im Lokal eintraf – wie gut er an diesem speziellen Abend sein wird. Die Quasi-WG wurde zum Hotel; ich war plötzlich Gast und nicht mehr Bewohner.

„Tschako ist in der Stadt", hieß es dann aber doch noch ein allerletztes Mal. Michael verkaufte den Club und wollte das letzte Wochenende ganz besonders gestalten. Dass er dabei an mich dachte, überraschte mich zwar nicht (mehr dazu im Kapitel „Michael und ich"), freute mich aber ungemein. Und da ich wusste, dass dies nach geschätzten 600 Auftritten (hat eigentlich irgendjemand noch mehr absolviert?) mein allerletzter im Club meines Herzens sein wird, bot ich alles auf, was ich hatte. Neben einem ersten Teil, den ich – vor allem auch eingedenk der besten, der frühen Jahre – solo bestritt, schmunzelte man über „Tschako & der kleine Prinz" mit mir und Markus Linder, der als Pfarrer bei „Vier Frauen und ein Todesfall" noch weit heftigere Lacher ernten sollte. Schwester Maria – damals hochschwanger – und die Fräuleins Irmgard und Manuela besangen ein letztes mal die „Kleine schwule Sau" (wie im Roten Engel immer richtig verstanden wurde, eine Hommage an meine homosexuellen Theater-Freunde) und last but not least fetzte ich mit Falko und Stricher als „P" die alten Klassiker am Ende des Sets unter die noch gar nicht so erschöpfte Menge. Das letzte Lied, das ich je im Engel sang, war eine Punk-Version vom „Lied der Schlümpfe". Passend war das nur teilweise – zwar waren wir des Öfteren blau, aber klein waren wir nie. Im Gegenteil: auf der Mini-Bühne des Roten Engels waren wir zumindest eine Zeit lang die größten. Und die Betonung liegt auf WIR. Tschako war zwar in der Stadt, aber auch Michael, Wolfgang, Bodo, Werner, Schachi, Walter, Norbert und Gunkl – allesamt VOR – sowie Leo, Hubert, Hannibal, Micki, Faustino, Andi, Uli und viele mehr AUF der Bühne waren da. In der Stadt, in den Herzen und in der Erinnerung von Tausenden. Und Schluss.

WWW.TSCHAKO.AT

ROTER ENGEL
Wein & Liederbar

Mo 1.Sept 22⁰⁰ : Bessie Brühl
         0³⁰ : Oliver Grün (Blues)
Di 2.Sept 22⁰⁰ : Michael Pewny (Boogie)
         0³⁰ : Kevin Lambert (Piano)
Mi 3.Sept 22⁰⁰ : Tschako
         0³⁰ : Leo Bei (Songs)
Do 4.Sept 22⁰⁰ : Hannibal Means & Kevin
         0³⁰ : Mameluko (Brazil)
Fr 5.Sept 22⁰⁰ : J.Fall & Rythms d'Afrique
         0³⁰ : Joe Meixner & Kevin L.
Sa 6.Sept 22⁰⁰ : Big Sissy
         0³⁰ : Mameluko (Brazil)
So 7.Sept 22⁰⁰ : Joe Meixner Trio (Swing)
Mo 8.Sept 22⁰⁰ : Tschako
         0³⁰ : Michael Pewny (Boogie)
Di 9.Sept 22⁰⁰ : Kings of Africa
         0³⁰ : Bessie Brühl
Mi 10.Sept 22⁰⁰ : Hannibal Means & Kevin
         0³⁰ : Wolfgang S. (Rockpiano)
Do 11.Sept 22⁰⁰ : Big Sissy
         0³⁰ : Surprise
Fr 12.Sept 22⁰⁰ : Faustino & Kevin & Friends
         0³⁰ : Mameluko
Sa 13.Sept 22⁰⁰ : Tschako
         0³⁰ : Leo Bei (Songs)
So 14.Sept 22⁰⁰ : Hannibal Means & Kevin

Mo 15.Sept 22⁰⁰ : Faustino (Flamenco)
         0³⁰ : Kevin Lambert (Piano)
Di 16.Sept 22⁰⁰ : Tschako
         0³⁰ : Bessie Brühl
Mi 17.Sept 22⁰⁰ : Big Sissy
         0³⁰ : Liesl Stein & Sascha
Do 18.Sept 22⁰⁰ : Hannibal Means & Kevin
         0³⁰ : Mameluko
Fr 19.Sept 22⁰⁰ : J.Fall & Rythms d'Afrique
         0³⁰ : Faustino
Sa 20.Sept 22⁰⁰ : Faustino & Manuel
         0³⁰ : Leo Bei (Songs)
So 21.Sept 22⁰⁰ : Joe Meixner Trio (Swing)
Mo 22.Sept 22⁰⁰ : Leo Bei und seine Gitarre
         0³⁰ : Michael Pewny (Boogie)
Di 23.Sept 22⁰⁰ : Faustino (Flamenco)
         0³⁰ : Kevin Lambert
Mi 24.Sept 22⁰⁰ : Hannibal Means & Kevin
         0³⁰ : Wolfgang S. (Rockpiano)
Do 25.Sept 22⁰⁰ : Big Sissy
         0³⁰ : Joe Meixner & Kevin L.
Fr 26.Sept 22⁰⁰ : Kings of Africa
         0³⁰ : Mameluko
Sa 27.Sept 22⁰⁰ : Sumi & Friends
         0³⁰ : Faustino
So 28.Sept 22⁰⁰ : Hannibal Means & Kevin
Mo 29.Sept 22⁰⁰ : Faustino
         0³⁰ : Kevin Lambert (Piano)
Di 30.Sept 22⁰⁰ : Tschako
         0³⁰ : Leo Bei (Songs)

VIKTOR GERNOT

ERINNERUNG AN DEN ROTEN ENGEL

Mein Debüt im Roten Engel durfte ich mit halbszenischen Musiktheaterproduktionen feiern. Der russische, genial-verrückte Komponist und Pianist Sergej Dreznin hatte Michael Satke überzeugen können, in diesem so angesagten Rock- und Pop-Lokal eine zeitgenössische Opera In Blue aufzuführen. Zum einen „Ophelia" mit dem Shakespeare Originaltext aus „Hamlet". Ich stand als Laertes auf der Bühne. Natürlich „Romeo und Julia". Zum anderen Pushkins Fest der Pest. Mein lautmalerisch gelerntes Russisch brachte den Komponisten an den Rand der Verzweiflung. Mutige, schräge Programmierung für das Kultlokal. Das war wohl 1988, wenn mich meine Erinnerung nicht täuscht.

In den Jahren zuvor war ich immer wieder als Gast in diesem Kultlokal seiner Zeit. Mein Musikerfreund Thomas M. Strobl spielte dort als Bassist der Disco Killer. Gemeinsam mit Jazz Gitti swingten sie sich damals noch durch das Repertoire der Jazzstandards und des Great American Songbooks. An vielen Abenden im Engel sah und hörte ich unter anderen Hubert von Goisern, Andy Baum, Three Girl Madhouse, Conrad Schrenk an der Gitarre, Thomas Lang am Schlagzeug und viele mehr.

Unter dem Namen Drago & seine Stubenmusi wollte ich mich auch für das regelmäßige Vorspielen bewerben. Heute würde man Casting dazu sagen. Ich trug meinen Wunsch an den Geschäftsführer Wolfgang Beneder heran und erfuhr eine frühe Förderung meiner Karriere. Denn ich durfte ohne Umweg vor das zahlende Publikum und spielte bald darauf meinen ersten Gig im Roten Engel. Mit Drummer Wolfgang Fellinger, Bassist und Sänger Thomas M. Strobl, Gitarrist Peter Haberfellner, Pianistin Eva-Maria Matejka, später dann mit dem großartigen Aaron Wonesch und meiner Wenigkeit als Frontman. Unser Quintett hatte und hat sich einer Musik ganz im Stile der großen Entertainer wie Sinatra & Co. verpflichtet, mit eigenen Arrangements, teilweise Übersetzungen und riesigem Spaß an der Sache und wir setzten unsere Gigs mit Namen Animal House und später Viktor Gernot & His Best Friends weiter fort.

Eva und die Jungs und ich schwärmen dreißig Jahre später immer noch über diese legendären Erlebnisse und Konzerte. Mit vielen der damaligen Kellner, Musiker und Gäste pflege ich heute noch gerne Kontakt bis hin zu Freundschaft. Der gemeinsame Ausgangspunkt ist und bleibt der Rote Engel.

Eines der in der Erinnerung unauslöschlichen Ereignisse begann mit einem aus meinem Empfinden wohlgelungenen ersten Set. In der Pause drängten sich Thomas Strobl und ich durch die Unzahl an coolen, urbanen, gutaussehenden und studentischen Wienerinnen und Wiener in Richtung Toilette. Ich fühlte mich großartig und war überzeugt, dass dieses Hochgefühl von sämtlichen Anwesenden geteilt wurde. Die Urinale waren besetzt, Tom und ich gingen in jeweils eine der Kabinen, um unser kleines Geschäft eben dort stehend zu verrichten. Mein Gott, es war 1988. Die beiden Herren an den Stehporzellanschüsseln unterhielten sich laut genug, um von uns gehört zu werden. Folgenden Satz werde ich wohl nie aus meinem Erinnerungsspeicher löschen können. „Wann i den schwulen Sänger nur siach, könnt i mi scho anspeiben." Zitatende. Das zweite Set soll ich für meine Verhältnisse relativ zurückhaltend und unselbstbewusst bestritten haben.

Und der Rote Engel hat mir unbestreitbar einige Türen geöffnet. Zu erhellenden und aufbauenden menschlichen Begegnungen. Ich durfte mich vor Publikum ausprobieren, konnte lernen, als Zuseher und als Akteur. Und aufgrund meiner Konzerte war ich zum Beispiel einmal Bühnengast bei Wickerl Adams Kultband Hallucination Company, eine große Ehre. Beim Album „10 Jahre Roter Engel" war ich zum ersten Mal in meiner Karriere mit Band auf einem Tonträger vertreten. Und ich wurde von Ing. Werner Holy und Regisseur Peter Nagy vom ORF, wie man so sagt, entdeckt. Ich durfte dann als Sketchpartner von Austro-Pop-Legende und Kabarettist Joesi Prokopetz in der Musikshow „Checkpoint Live" debütieren. Vieles folgte.

Ich kann nur dankbar sein für die Chancen und Erlebnisse rund um unseren „Engel". Ein aufrichtiges, tief empfundenes Danke an Wolfgang Beneder und natürlich an den Erfinder und Möglichmacher Michael Satke.

WWW.VIKTORGERNOT.AT

PETER WEIBEL

Wien ist die Stadt der Kult-Cafés, vom *Café Griensteidl* zum *Café Central* um die Jahrhundertwende, vom *Café Hawelka* bis zum *Café Korb* in der Gegenwart. Von Peter Altenberg bis Robert Musil, von Thomas Bernhard bis Elfriede Jelinek scheint es so, als wäre die österreichische Literaturgeschichte untrennbar mit der österreichischen Kaffeehausgeschichte verbunden. Die Geschichte Wiens im 20. Jahrhundert ist aus der Perspektive der Kultur eine Geschichte der Kaffeehäuser, in denen Revolutionen nie stattfanden, aber ausführlich besprochen wurden. Für viele Fremde und Freunde ist daher ganz Wien selbst ein einziges Kaffeehaus und damit Wien selbst ein Kult-Ort.

Clubs und Bars mögen in anderen Weltstädten Synonyme für »einsame Geselligkeit« sein. In Wien zentrierten sich ein Jahrhundert lang Nacht- und Kulturleben auf das Kaffeehaus. Nur wenige Bars wie die *Loos Bar*, die Adolf Loos bezeichnenderweise nach einer Amerikareise 1908 entwarf und die deswegen auch American Bar genannt wurde, konnten eine *exception culturelle* bilden. Daher kam es fast einer Revolte gegen Wiener Kultur und Sitte gleich, dass ein junger Mann namens Michael Satke im Jahr 1981 eine Live-Musikbar am Rabensteig 5, Wien 1, eröffnete. Noch dazu unter dem Namen *Roter Engel*, eine Paraphrase des deutschen Filmtitels *Blauer Engel*. Ich kann mir nicht erklären, was Michael Satke da geritten hatte. Ich kann mir aber wohl erklären, warum Michael Satke eine junge unbekannte Architektengruppe mit der Architektur beauftragte – nämlich Coop Himmelb(l)au, die bereits 1977 seine *Reiss-Bar*, die erste Champagnerbar der Welt, gestaltet hatte. Heute sind Coop Himmelb(l)au Weltstars der Architekturszene. Michael Satke hatte ein untrügliches Gespür für Qualität. Er hatte einen Spürsinn, eine Nase für die Zukunft. Seine Bar baute er in ein Niemandsland, abseits der Wiener Unterhaltungsrouten. Heute gilt das Viertel mit der Live-Musikbar *Roter Engel* und den Lokalen *Krah Krah* und *Kaktus* als Bermudadreieck, in dem Menschen für lange Zeit verschwinden können. Noch zu Ostern traf ich Jahr für Jahr Leute, die noch immer ihre Weihnachtspakete mit sich schleppten und bislang nicht nach Hause gefunden hatten. Satke hatte mit Coop Himmelb(l)au also bereits den Bilbao-Effekt in Wien erfunden, bevor dieser durch Frank O. Gehrys Guggenheim in Bilbao sichtbar wurde. Mit der American Bar »First Floor« und der kubanischen Bar »Ron Con Soda«, von den Architekten Eichinger oder Knechtl, hat Satke die Loos'sche Tradition in Wien ab 1994 erfolgreich verstärkt. Mit Gregor Eichinger hat er ab 1999 durch fantastische urbane Brückenprojekte am Donaukanal versucht, die Stadt Wien aus seiner prunkvollen Vergangenheit in eine visionäre Zukunft zu hieven. Aber mit der Gemeinde Wien ist keine Zukunft zu schaffen.

Mit seinem Gespür für herausragende Talente und Zukunft hatte er auch eine junge und unbekannte Rockband entdeckt, die sich *Hotel Morphila Orchester* nannte. Diese Band, 1978 von Loys Egg und mir gegründet, hatte sich so genannt, weil es früher in Wien ein Brauch war, dass jedes anspruchsvolle Hotel auch sein eigenes Orchester hatte. Nachdem es diesen Brauch nicht mehr gab, nannte sich die Band nach einem Hotel, das es auch nicht gab.

Satke war so kühn, diese Band für einen Live-Auftritt zu engagieren und deren erste Single »Dead in the Head« als A-Seite, »Entzweit« als B-Seite 1982 mit seiner Firma *Desaster Unlimited* – ein vielversprechender Name! – zu produzieren. Das Cover zeigt auf seinen zwei Seiten die Bewegung des Mikrofons, mit dem Peter Weibel sich auf die Stirn schlägt, um damit den Song »Dead in the Head« zu takten. Die Single, aufgenommen im Magic Sound Studio in Graz, vertrieben von Extraplatte, hatte einen derartigen Erfolg, dass anschließend Ariola auf dem Schallter-Label die LP *Schwarze Energie* produzierte. Dass HMO bisher keine Weltstars in der Musikszene geworden sind – anders als Coop Himmelb(l)au in der Architekturszene – lag nicht an Satke, sondern an der Unzuverlässigkeit Clios, der Muse der Geschichtsschreibung. Satke allerdings gebührt der Tribut, uns ein Sprungbrett geliefert zu haben, das uns immerhin mit »Sex in der Stadt« (1982) unter die 50 besten Popnummern der letzten 50 Jahre in Österreich katapultierte, wie ich der Ausstellung *Ganz Wien. Eine Pop-Tour (2017–2018)* im Wien Museum entnehmen darf. Der Titel der legendären TV-Serie *Sex and the City* (1998–2004) ist natürlich ein Plagiat dieses Songs. Doch auch diesmal hat Clio HMOs Weltruhm verhindert.

Michael Satke hat mit seinen Kultbars nicht nur einen wichtigen Beitrag zur Architektur und Musik Wiens geleistet, sondern auch mit dem Szene-Magazin *Wiener* – 1979 mit Gert Winkler und Günter Lebisch gegründet – setzte er für viele andere europäische Stadtszenen neue Standards. Satke hat den Mythos Wien als Kult-Ort profiliert und ist damit selbst zu einer Wiener Kultfigur geworden.

WWW.PETER-WEIBEL.AT

LUDWIG „WICKERL" ADAM

Im sogenannten Bermudadreieck (1. Bezirk) gab es ein Lokal, in dem Nachtschwärmer ein Stelldichein feiern konnten. Es war ein Platz, wo man unter sich war, essen-trinken- plaudern und noch dazu Kleinkunst (Musik, Kabarett, a cappella usw.) genießen konnte. Im Roten Engel traten viele „Künstler" auf, die damals noch unbekannt waren und heute zur Basis der Unterhaltungsindustrie gehören. Da ich immer ein Ohr für Neues, Interessantes hatte, war dies eine wahre Fundgrube für mich. Tini Kainrath, Gerry Schuller, Michael Schubert, die aus dem heutigen musikalischen „Sein" nicht mehr wegzudenken sind, sind nur einige Beispiele dafür. Ebenso wurde der Rote Engel zum „Wohnzimmer" vieler Künstler. Es war also ein wichtiger Platz für das kulturelle Leben Wiens. Geführt von einem innovativen Chef und seinem Team (Michael Satke und Wolfgang Beneder) war es ein Vergnügen, dass es den Roten Engel gab.

Leider gibt es 2018 so etwas nicht in Wien. Dabei sind solche Plätze für die kulturelle Entwicklung einer Stadt von absoluter Wichtigkeit. Es war schön, wichtig und gut, dass es den ROTEN ENGEL (aus heutiger Sicht leider) gegeben hat.

DANKE!

WIKIPEDIA.ORG

LEICHENSCHMAUS IM „ROTEN ENGEL"
DAS SZENELOKAL SPERRT IM JUNI ZU

Wien – „Das ist wohl das letzte Festl im Engel. Mehr ein Leichenschmaus." Wie der 23-jährige Gitarrist blicken viele Musiker am Sonntagnachmittag im Szenelokal Roter Engel in der Wiener Innenstadt düster in ihr (Frei-)Bier. Der Inhaber hatte Freunde und Musiker eingeladen, um sie von der bevorstehenden Schließung des Livemusik-Lokals im Juni zu informieren. 17 Jahre lang war der „Engel" so etwas wie eine Talentschmiede heimischer Nachwuchsbands.

Nur die Wenigsten tragen es mit Fassung. „Für uns Musiker ist das eine Katastrophe", klagt eine Sängerin. „Hier konnte jeder seine ersten Bühnenerfahrungen sammeln."

Wegen der zentralen Lage im Wiener Bermudadreieck war das Lokal während der Konzerte immer bummvoll, nur sonst leider nicht, erklärte der Besitzer Michael Satke und machte finanzielle Schwierigkeiten für das Zusperren verantwortlich. Im Laufe der Jahre habe er rund 1,6 Millionen Schilling in den Roten Engel gesteckt, mittlerweile sei das Lokal einfach nicht mehr finanzierbar.

KRITIK AN MEDIEN UND KULTURPOLITIK

Satke wollte aber nicht abtreten, ohne noch zu einem Rundumschlag gegen die Medien, die Plattenindustrie und die Wiener Kulturpolitik auszuholen.

„Besonders hinhauen möchte ich auf Ö3", erklärte er vor den Anwesenden. Der Sender habe der österreichischen Musik nie die gesetzlich festgelegte Sendezeit eingeräumt. Und Plattenproduzenten hätte er während des Bestehens des Lokals höchstens fünf gesehen.

Dem konnte sich auch Jazz Gitti voll inhaltlich anschließen: „Weil so deppert samma a net, wie die glauben."

Auch der Christoph Huber, künstlerischer Leiter des Jazzmusiklokals Porgy and Bess empfindet die Schließung des Roten Engels als großen Verlust für die Musikszene. Entgegen anderslautenden Gerüchten wird Porgy and Bess aber nicht zusperren. Das Lokal mache ab Mai lediglich eine Sommerpause. Existenzängste gibt es dennoch auch hier. „Die Situation mit den Subventionen ist noch immer nicht ganz klar."

Satke fällt der Abschied jedenfalls schwer: „Ich bin mindestens so traurig wie ihr", erklärte er den Musikern. „Es ist nicht leicht, sich von einer großen Liebe zu trennen." (vm)

© 1997 Der Standard

.ROTER ENGEL.

Sa	1.März	21:00	Hannibal Means (The Voice)
		0:30	Mike Langley (Country)
So	2.März	21:00	Hannibal Means (The Voice)
Mo	3.März	21:00	Leo Bei (Songs)
		0:30	Tim Lambert (Piano,Sax)
Di	4.März	21:00	Faustino (Flamenco)
		0:30	Kevin Lambert (Swing)
Mi	5.März	21:00	Deeper Roots (Reggae)
		0:30	Oliver Grün (Blues)
Do	6.März	21:00	Hannibal Means (The Voice)
		0:30	Faustino (Flamenco)
Fr	7.März	21:00	Rythme d'Afrique
		0:30	Kevin Lambert (Swing)
Sa	8.März	21:00	Mameluko (Brazil)
		0:30	Wolfgang Tockner (Piano)
So	9.März	21:00	The Jazz Rabbits
Mo	10.März	21:00	Mike Langley (Country)
		0:30	Kevin Lambert (Piano)
Di	11.März	21:00	Leo Bei (Songs)
		0:30	Tim Lambert (Piano,Sax)
Mi	12.März	21:00	Michael Pewny (Boogie)
		0:30	Wolfgang Tockner (Piano)
Do	13.März	21:00	Bessie Brühl (Rockballaden)
		0:30	Faustino (Flamenco)
Fr	14.März	21:00	Hannibal Means (The Voice)
		0:30	Faustino (Flamenco)
Sa	15.März	21:00	Sumi & Friends
		0:30	Wolfgang Tockner (Piano)
So	16.März	21:00	V E N U S feat. Ronnie Urini & Tim Lambert
Mo	17.März	21:00	Faustino (Flamenco)
		0:30	Tim Lambert (Piano,Sax)
Di	18.März	21:00	Mameluko (Brazil)
		0:30	Kevin Lambert (Swing)
Mi	19.März	21:00	Deeper Roots (Reggae)
		0:30	Wolfgang S. (Rockpiano)
Do	20.März	21:00	Faustino (Flamenco)
		0:30	Oliver Grün (Blues)
Fr	21.März	21:00	Rythme d'Afrique
		0:30	Faustino (Flamenco)
Sa	22.März	21:00	Hannibal Means (The Voice)
		0:30	Faustino (Flamenco)
So	23.März	21:00	Bessie Brühl (Rockballaden)
Mo	24.März	21:00	Michael Pewny (Boogie)
		0:30	Kevin Lambert (Piano)
Di	25.März	21:00	Mike Langley (Country)
		0:30	Tim Lambert (Piano,Sax)
Mi	26.März	21:00	Leo Bei (Songs)
		0:30	Wolfgang S. (Rockpiano)
Do	27.März	21:00	Hannibal Means (The Voice)
		0:30	Oliver Grün (Blues)
Fr	28.März	21:00	Deeper Roots (Reggae)
		0:30	Bessie Brühl (Rockballaden)
Sa	29.März	21:00	Mameluko (Brazil)
		0:30	Leo Bei (Songs)
So	30.März	21:00	Hannibal Means (The Voice)
Mo	31.März	21:00	Michael Pewny & Franky (Boogie)
		0:30	Kevin Lambert (Swing)

MÄRZ 86

4.

ROTER ENGEL VON A BIS Z*

27=
7/9

22=
2/10

2-4 all
2TsU
3GM
4 4 You

A. T. & George
A. Zebra
A.T. Duett
A3
Acoustic Guitars
Adriane Muttentaler
Aendiaena
Al Cook
Albert & Normen
Albert Hosp
Albertros
Alegre and Band
Alegre Correa
Alex and the Funky Crew
Alex Späth & Michael Stach
Alexa Rodian & M. Alf Quartett
Alexander Helmer & Band
Alexander Maria Helmer & Band
Ali Akbar & The Mas-Turbans
A-Live
All Of Us
Alma Group
Almost Blue
Almost Nine
Alois Brandstetter
Alpine Cats
Alpinhasen
Alpinkatzen
Amal & the Gam Brothers
Amtsauzts Fiala
Anderland
Andi Baum
Andrea Faustenhammer
Andreas Diesenreiter
& Robert Strahner
Andreas Hutter
Andreas Schubaschitz
Andreas Steppan
Andrew Edge & the Raffetseders
Andy Freund
Andy Goldstein
Anibal – Bossa Nova
Animal House
Animal House X-Mas
Anja & Gerry
Anja & Renato

Anna Mara & Chr. Klikovits
Anna Tendera & Band
Anthony Cross
Anthony Cross & Band
Anthony Cross & Wolf
Argie & Pass Al
Arnulf Morell
Aron Wonesch
Art Objects
Artett
Arthur Fandl
As it is
Astrid Golda
Astrid Golda & Band
Astrid Karimi
Auers Erben

B. Stalker
B. Train
B. Unit
Bad Sisters & Die Schankburschen
Badaue
Bamboo'n Corn
Banana Band
Bartl Reinhard
Basil
Bela Zak
Bela Zak & Michael Publig
Beltane
Benedikta Manzano
Bertl Mayer Trio
Bessie von Brühl
Betty Blue Light
Between
Big Bad & Nasty
Big Sissy
Big Sissy & Angela
Big troubles in Paradies
Bismillah und der Wolf
Black Snail
Blacksnaer
Blond has more Fan
Blue & Evia
Blues Encounter
Blues Punch
Bluesyndiced
Blutwiese
Bocado
Boczi & Band
Bonnie & Moser
Boogie Time

Bootleg Blues Band
Boots-Music
Bossa Morao
Bossa
Bossanova Duo
Botatogo Group
Boy's from Hairnois & Ulli Bär
Brand New
Brasil
Brave & Crazy
Briele Mignon & Band
Broken Strings Company
B-Train
Bunter Ara
Burn
Burps
Burps - After midnight
Busted Flat
Butbul & Golden

C & C
Cache Cache
Café con Leche
Calvelli
Camp Gruber
Carlos Fernandez
Caspar Sidlow
Kathleen Dahl & Cl. Jelinek
Kathleen Dahl
Catupiry
Celia Mara
Central Service
Ch. Rois
Chameleon
Charlie Hloch
Charlie Horak Experience
Charly Hiestand
Chips
Chris Britz
Chris Peterka
Christian Dozler
Christian Flare
Christian Klikovits
Christian Mayer
Christine Huvos
Christoph Rois
Circus
Clark's Uptown Swingsters
Claudia & Coverkiller
Claudius & Thomas
Clugh Cenit

d.l.
Dado and the Topics
Dado Topics & Band
Dagmar Kollars
Dagmar Rohm
Dakar Night Life
Daltons
Dan Chaddok
Darktown Whiteboys
Das dynamische Duo
Das Klavier und Bobby
Das Trio Stand - Art
De Pair
Dead Beats
Deeper Roots
Dehli 9
Dejamed Edition
Demetrius & Band
Demetrius & Passion Dance
Den Warrick
Department S
Dessert Mission
Devils
Dick Doof Christopha
Die 3 glorreichen 7
Die 4 Glorreichen 7
Die Szene der jungen Affen
Die Ungebropten
Diesenreiter & Strahner
Dieter Thomas
Dirty Night Live
Dirty Thirties
Disguise
Diva
DJ Cutx & MC Milan
Doomroses

Coleman Trio
Coloured Sparks
Colour's
Colt Sweet
Come Togehther
Con Motto
Connie und die Franzies
Contacto Latino
Cooka Roots
Cool Sweat
Cosa Nostra
Cosmik Tilt
Crazy Daisy
Cruel but Fair

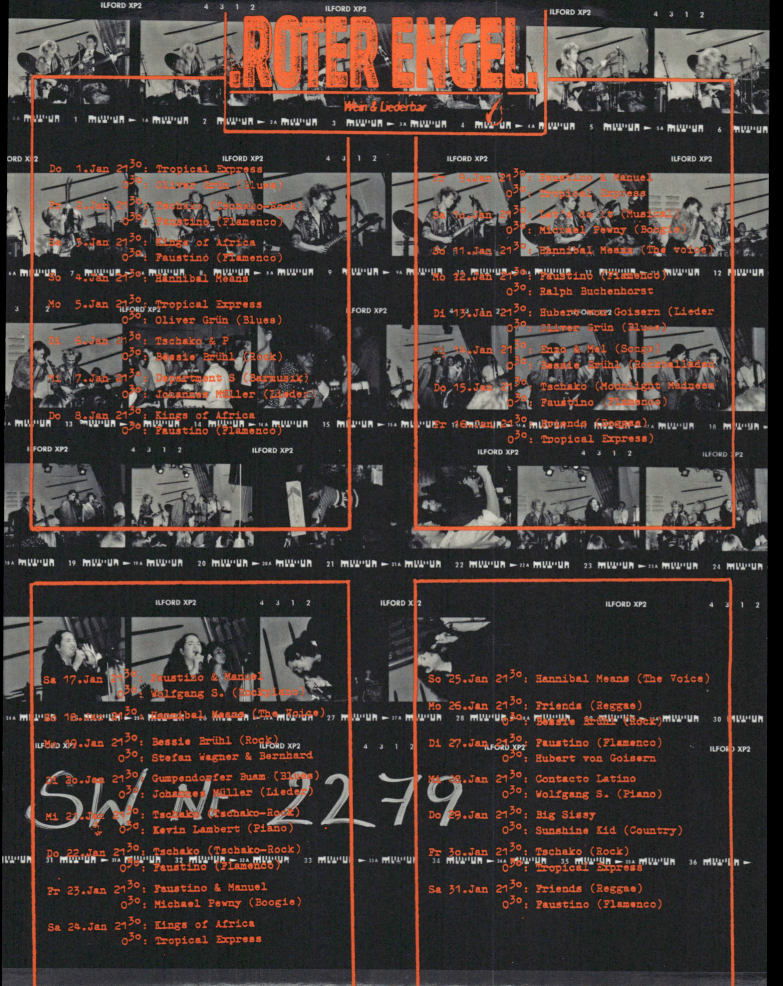

ROTER ENGEL
Wein & Liederbar

Do 1.Jan 21³⁰: Tropical Express
          0³⁰: Oliver Grün (Blues)
Fr 2.Jan 21³⁰: Tschako (Tschako-Rock)
          0³⁰: Faustino (Flamenco)
Sa 3.Jan 21³⁰: Kings of Africa
          0³⁰: Faustino (Flamenco)
So 4.Jan 21³⁰: Hannibal Means
Mo 5.Jan 21³⁰: Tropical Express
          0³⁰: Oliver Grün (Blues)
Di 6.Jan 21³⁰: Tschako & P
          0³⁰: Bessie Brühl (Rock)
Mi 7.Jan 21³⁰: Department S (Barmusik)
          0³⁰: Johannes Müller (Lieder)
Do 8.Jan 21³⁰: Kings of Africa
          0³⁰: Faustino (Flamenco)

Fr 9.Jan 21³⁰: Faustino & Manuel
          0³⁰: Tropical Express
Sa 10.Jan 21³⁰: Let's do it (Musical)
          0³⁰: Michael Pewny (Boogie)
So 11.Jan 21³⁰: Hannibal Means (The voice)
Mo 12.Jan 21³⁰: Faustino (Flamenco)
          0³⁰: Ralph Buchenhorst
Di 13.Jan 21³⁰: Hubert von Goisern (Lieder)
          0³⁰: Oliver Grün (Blues)
Mi 14.Jan 21³⁰: Enzo & Mel (Songs)
          0³⁰: Bessie Brühl (Rockballaden)
Do 15.Jan 21³⁰: Tschako (Moonlight Madness)
          0³⁰: Faustino (Flamenco)
Fr 16.Jan 21³⁰: Friends (Reggae)
          0³⁰: Tropical Express

Sa 17.Jan 21³⁰: Faustino & Manuel
          0³⁰: Wolfgang S. (Rockpiano)
So 18.Jan 21³⁰: Hannibal Means (The Voice)
Mo 19.Jan 21³⁰: Bessie Brühl (Rock)
          0³⁰: Stefan Wagner & Bernhard
Di 20.Jan 21³⁰: Gumpendorfer Buam (Blues)
          0³⁰: Johannes Müller (Lieder)
Mi 21.Jan 21³⁰: Tschako (Tschako-Rock)
          0³⁰: Kevin Lambert (Piano)
Do 22.Jan 21³⁰: Tschako (Tschako-Rock)
          0³⁰: Faustino (Flamenco)
Fr 23.Jan 21³⁰: Faustino & Manuel
          0³⁰: Michael Pewny (Boogie)
Sa 24.Jan 21³⁰: Kings of Africa
          0³⁰: Tropical Express

So 25.Jan 21³⁰: Hannibal Means (The Voice)
Mo 26.Jan 21³⁰: Friends (Reggae)
          0³⁰: Bessie Brühl (Rock)
Di 27.Jan 21³⁰: Faustino (Flamenco)
          0³⁰: Hubert von Goisern
Mi 28.Jan 21³⁰: Contacto Latino
          0³⁰: Wolfgang S. (Piano)
Do 29.Jan 21³⁰: Big Sissy
          0³⁰: Sunshine Kid (Country)
Fr 30.Jan 21³⁰: Tschako (Rock)
          0³⁰: Tropical Express
Sa 31.Jan 21³⁰: Friends (Reggae)
          0³⁰: Faustino (Flamenco)

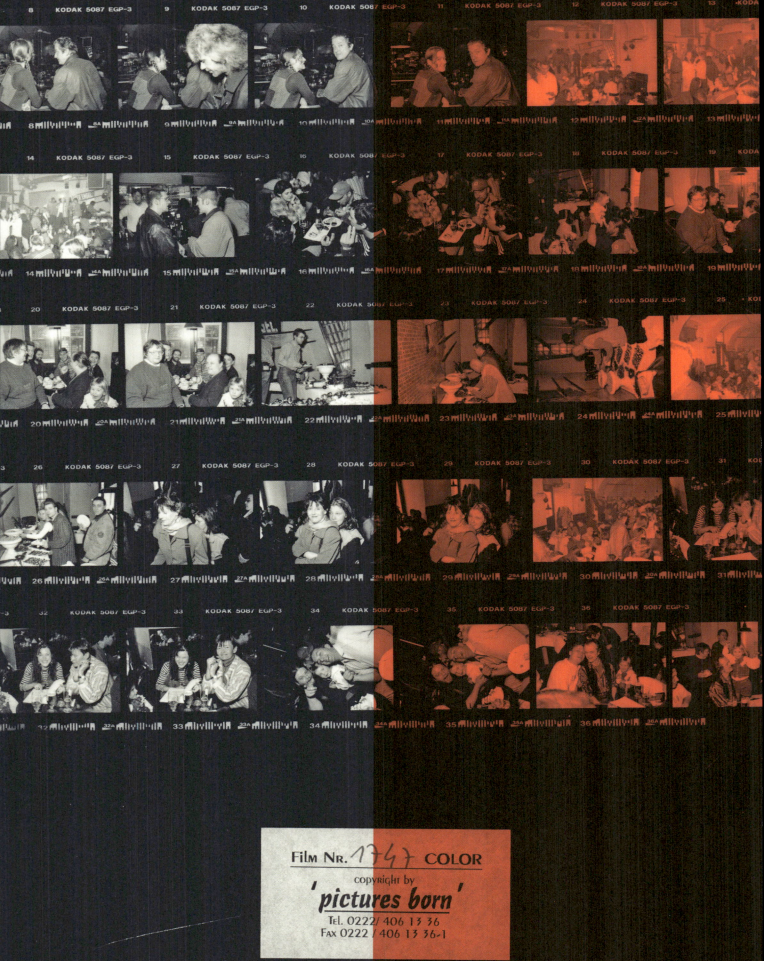

Dorreta A. C. Carter
Dorothy & George
Downtown Blues
Dr. Soul
Drago & Stubenmusi
DUIT
Duo Höfer & Hauk
Duo Merliczek
Duo Muttenthaler & Werkl
Duo Publig & Weder
Duo Radelmeyer
Duo Regenpfeifer
Duo Son Del Karibe
Duo Swing Brasil

Ea O'Viva
Earl Grey
Ed. G. Schnabl
Eduardo Martinez
Eichhorn
El Fuego W. Spanbloeckel
El Tuna
El Tuna Fernandes
Elefant Mountain
Elisabeth Kraschl
Elisabeth Reihart
Emergency 911
Empty Arms
Enzo & Mel
Equinox
Erika Molny
Erika Trauner
Erste Wiener Cajun Combo
Erwin Bros
Erwin Einzinger
Etta Scollo
Eva Prohaska & Erich Piplits
Evolutive Delays
EX–S
Explosion
Extempore

F. Luttenberger
F. Stabers memories
Fake
Farmer's Garden
Faustino
Faustino & Friends
Faustino & Kevin
Faustino & Manuel
Faustino & Nacho
Felix Waske

Fernando Paiva
Fernando Paiva Trio/Quartett
Fichtenbauer & Merliczek
Fichtenbauer & Merliczek Trio
Filterlos
Finest Drops
Fish & The Seaweeds
Five in love with Betty
Five-T-Fifty
Flea Heap
Flohhaufen
Flora Saint Loup
Foggy Dew
Folkswagen
Folkswagen Schimun
For Tea 4
Forgotten Ears
Fotonho Villroy
Four Good Reasons
Francis Bebey
Frank French
Frank French & Kevin Lambert
Franky & Franky
Franky Tlacvoda
Franz Luttenberger
Franz Unger
Fräulein Jäger feat. Tschako
Friederike Mayröcker
Free Flow
French Lovers
Friends
Friends & Neighbours
Friends of Carlotta
Friends Sakayonsa
Frigo & Canadian Grass
Fritz Steiner
Fritz Steiner & Aaron Wonesch
Fritz Steiner Duo
Fun-Cool-O
Funk Foundation
Funk Stew
Funkberater
Funko Mat
Funkomat
Funky Stew
Fusion Hats

G. Swoboda & Great Illusions
Gajus' gemischte Gefühle
Garage
Gazpacho Andaluz

Gelson Olivieira
Gemini
Georg Danz Er
Georg Gabriel Group
Gerald Holzinger
Gerry Schuller
Gianni
Giant Tones
Gilbert Price
Gine Heiger & Bluesbirds
Giovanni Raimann
Girlie & The Blue Caps
Glamour Boyz
Glasnostalgia
Godowana
Gold Sweat
Golda Golda
Goodowana
Grenaldo Frazier
Grouv Gang
G'schturlcrew
Gumpendorfer Buam

H.P. Schiele
Hacken Sack NJ
Haimo Wisser
Hangout
Hannes D.
Hannibal & Johny Taylor
Hannibal Means the Voice
Hansi Caruso & Tanger Telex
Hansi Caruso Swingprojekt
Harry Wetterstein &
Die Gumpendorfer Buam
He & Q
Hector & Kevin
Hector & Raffael
Hector Café
Hektor Castillo
Helga Leitner
Helga Rey
Hellmann
Herbert Eisenreich
Herbert Windisch
Herbie Smith Department
Herold Weiss
Hilde Kappes
Hilde Kappes & Liesl Stein
Homeland
Horak-X
Hostess

Hot Club
Hot Club D'Autriche
Hot Violin Gang
Houdjakova & Röntgenstrahl
Hovannes
H-Power
Hubert Kramar & Ilse und Mario
Hubert Kramar's "kreischende Eier"
Hubert Sullivan
Hubert von Goisern
Humphrey & Jokermen
Humphrey Pogats & Funkberater
Humphrey Pogats &
seine barmherzigen Brüder

Ian Russel
Ilse Tielsch
In Time
Ingrid Caven
Iris & die Netzhaut
It's
Ivan Simatovits

J. J. Allstar Trio
J. J. Capone & The Nighthawks
J. M. Convention
J.J. Capone & Jive Giants
J.M.Connection
J.T.Special
Jacks Orgel Komplott
Jacques Nobili
Jazz Partout
Jazz aus Hamburg
Jazz Gitti
Jazz not Jazz
Jazz Rabbits
Jazz Terminators
Jazzterminators II
Jeff Spence
Jengiz & Schimun
Jerry G. Pohl
Jesse Webb Show
Jessica & Soultrain
Jett & the Brothers
Jimy Fall & Rythms d'Afrique
Jimmy Fall
Jira singt
Jitka Woodhams
Jivi Giants
Jivi Honk
Jivi Honk & Band
Joachim Palden

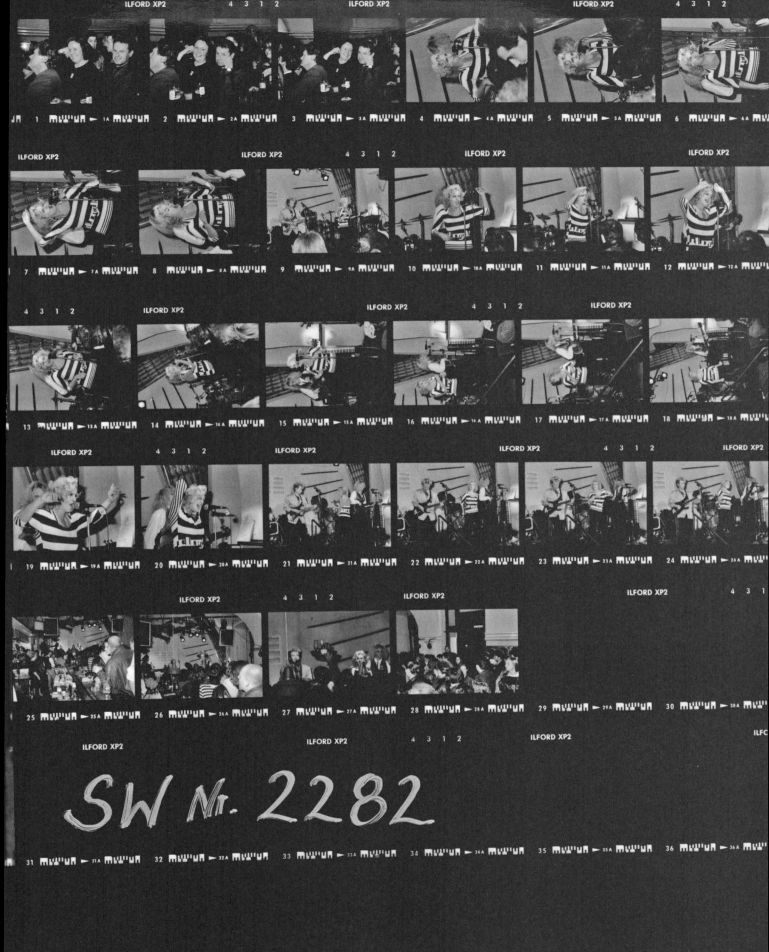

Joe & Kevin
Joe & Renato
Joe Meixner
Joe Meixner & Astrid Karimi
Joe singt
Joe Valentin Quartett
Johannes Müller
John & the Creditcards
Johnny Taylor
Jokin Parott
Josef Nöbauer
Joseph Soulpower
Josh & die Emotionen
Joshi Szalay's Gipsy Power
Jou Jou and the Heartstepmakers
Juan Lozano
Judas Diary
Judy & Susi
Julie Loveson
Julie Loveson Trio
Jump
Just 2
Just 2 More
Just the two of us
Jutta Schutting

K. Prodani
K.O.A.
Kajmona Kay
Käpt'n Echo
Käpt'n Karl & G'schturl Crew
Karl Hikade
Kastner & Schachner
Kathleen Dahl & Cl.
Kaymana Kay
Kemptner/Schneider Duo
Kevin Lambert
Keys & Voices
Kim Coooper DTWB
Kind Of Blue
Kindred Spirit
Kings of Africa
Klaus Zwingel
Kogl Power
Kohl Power
Konstantin Duo
Krassnij Angel Company
Kurt Nekula
Kurtl Kreisch

L. M. Balloon
L.A. Big Parade

La Strada
Lady Birds
Large Blue Thing
Larry Lofquist
Laurenz & Hannes
Laut & Falsch
Leila & Company
Lena Rothstein
Lena, Sergej & die Russen
Leo Bei
Leo Bei Duo
Les Casses Pieds
Let's do it
Libertango
Liberty Crow
Liesl Stein & Sascha
Liesl Stein & Sumi
Lonato da dove
Lone Wolf Blues Band
Los Angelitos
Los Gatos
Love the Groove
Lovemachine
Lucky Strike
Ludwig Van
Lügner leben länger

M & M's
M. Ottischnig & R. Dallinger
M.b.O
Macho Blue
Macho Blue Light
Mad Surprice
Mad Undertakers
Maerlin
Major Schloch & Oberst Ink
Mameluko
Manfred Holub
Manuel
Marantaner
Marcus Linder
Marcus Petek
Marcus Petek Group
Margot Hruby
Marie Luise Eichhorn
Marie Luise Eichhorn & Manfred
Marie-Thérése Kerschbaumer
Mario Bottazzi
Mario Bottazzi & Kevin
Mario Bottazzi and the Lambert Brothers
Mario Bottazzi Show

SW Nr. 2284

Mario Lima & Charly Ratzer
Mario Lima Trio
Marius & seine Jazzbande
Mark Staub
Mark Dust
Markus Hackl & Band
Markus Lindner
Markus Petek
Martin Lichtenwallner
Martin Ptak
Martin Schimka
Martin Sierek
Massoud Godemann Trio
Mato Grosso
Mato Grosso Trio
Mavu Brasil
Max Devine
Max Well
Mayor Schloch & Oberst
MBO
Mc Beth
Megavoices
Mel
Mel & Martin
Melinda Mixtay & Rens Newland
Merantaner
Mercalli Sieberg
Merlin Balladen
Mesa Verde
Metro
Michael & Oliver
Michael & Tom
Michael Hartl
Michael Penfield
Michael Pewny
Michael Pewny & Frankie
Michael Pewny & Oliver
Michael Publig
Michael Publik & Bela Zak
Michaela Rabitsch Quartett
Michaelangelo and Tribe
Mike Langley
Mike Langley & Band
Miki Malör
Miki Malör & Hubsi Kramar
Mind The Gap
Misfitting Hats
Misstreating Hearts
Mokesch & Raab
Monday Night Band

Nacho
Nachtschicht
Nadaville
Nadaville Morement
Nan Bavis
Nancy Nordine & Mary Sallee
Narziss & Goldmund
Nasty Habits
Neuwirth - Schrammeln
New Age Funk Jam
New Age Fusion
New Connection
New Edition
Nik Han
Nikttan
No Na Ned
Nobuo Yagi
Nochtschicht
Norbert Kainz

Paco
Paper in Fire
Paradise Now
Patricia Simpson
Paul & Paula
Paul Moser
Paulo Dorfmann & Fernando do O.
Pedro Tagliani
Pepe Guitarra

Monti Beton
Moonschein Bluesband
Motivated by Boredum
Mr. Blue
Mr. Sad Max
Mulindwa & Sakayonsa Afrobeat
Murphys Law
Mustapha Karim & Kevin Lambert
Mustapha Karim & K. Lanz
Muttenthaler & Werkl
Mysterium
Mystifikation

O Quartetto
Oliver Grün
One Way
One Way Light
Open House Blues Band
Ophelia
Orange C
Othmar & Mathias Binder
Othmar's Boogies
Out for lunch

Peper and Fire
Pertl Joseph & Strohmeyer
Pete Hoven Band
Peter Cermak
Peter Culk
Peter Fankhauser
Peter Pilz
Peter Reber
Peter Schleicher
Peter T.
Peter Weibel
Philipp Sonntag
Pia Baresch
Pia Baresch & Band
Pianoman Dan
Pianoman Ivan
Picasso
Pick & Grin
Pierre Beau & Big Party
Pjotr Seidl
Pogo
Pororoca
Power of Minorities
Press Button
Prime Time
Publig
Pure Lain

Quartett der Dirigentenklasse
des Wiener Konservatoriums
spielt Mozart
Que Arte

Rainer Piano Songs
Reinhard P. Gruber
Ralph Buchenhorst
Raphael & Andi
Raphael Dallinger
Rat Boys
Ready to Cook
Real Thing
Reckless
Recydwa
Redboys No. 2
Reference
Reinhard Barbl
Reinhard Bartl
Reinhard Honold
Reinhard Stöhr
Rena Rich & Peter H.
Renate Reich & Peter
Renato Brichta

Rens Newland & Melinda Mixtay
Ricardo & Petra
Ricardo Matheus Trio
Richie & Marcus
Richie Loidl
Riddler Brothers
Rio 40°
Robert Holly
Robert Strahner
Rock Broke Company
Rock Illusion mit G. Swoboda
Rock Projekt 4721
Rock'n Roll Clubing
Roger
Ronnie Urini
Ronnie Urini and his Jazzhorn
Ronnie Weiss
Ronnie Weiss & Kevin Lambert
Rounder Girls
Rubin Quartett
Rudi Stanzel
Ruth Hale & Sergej Dreznin
Rythms D'Afrique

S.P.Power
S.T.Blues Connection
Sad Max
Sad Max & Mo Rizz
Sad Miller
Sad Songs
Sad Songs Big Band
Sakayonsa
Salsa de Engel
Salsa Rabbits
Salsa Salsa
Salto Mortadella
SAM / Andy Freund Trio
Samba Jazz
Sauerkraut & Marzipan
Sayari Laqata
Schlomit Goes Jazz
Schwin
SearTyke Irish Folk
Sergej Dreznin
Session Allstar
Shlomit B. Power
Shlomit Butbul & Band
Shlomit Butbul & Frank
Showinisten:
„Traum-Schaum-Erinnerung"
„Wiener Blut"

Sidekick
Sigi & Sandra
Sigurd Prütz Quartett
Silvie Ip & Jivi Honk
Sissy Berg & Friends
Sissy Perlinger Skandal
Sol
Son Rumberos
Sophisticated Ladys
Sorglos
Soul Device
Soul Train
Soul'd out
Spaes
Special „Freund"
Special Center Klaus
Special Klaus & Band
St. Groysbeck
Staribacher & Sullivan
Steelwood Voice
Stefan Wagner & Bernhard
Stefan Wagner & Pjotr
Stefano & Enzo
Stefano & Joe
Stefano Gualano
Steffie Werger
Stephan Roysbeck
Stingray Blues Band
Stormy Weathers
Strange Past
Streetjazz
Struppi
Sudden Feeling
Sumi & Band
Sumi & Friends
Sumi Special events
Sumitra
Sunflowers
Sunshine Kid
Surprise
Surprise 2
Surrenders
Susan Aviles
Susan Smith
Susann Smith Trio
Susanne & Café Noir
Susanne Draxler & A. Bernhard
Susanne Draxler & Alex
Susanne Draxler & J. Simmon
Sweat
Swin
Swing & Sweet
Swing Train
Swingtime with Joe Meixner & Friends
Swingtrain
Swoboda & the Great Illusion
Synthakus
T.L.
Talk
Taru Afrika
Taste of...
Tayrona
Teufel u. d. Rest d. Götter
That Soul
The A.T. Duett
The And
The Big
The Blues Punch
The Bootleg Blues Band
The Boys From Hairnoise
The Event
The Favorit Occupation
The Gemini
The Grapevines
The Great Divide
The Jazz Rabbits
The Jive Giants
The Lambert Family
The Lambert Show
The Linz
The Naked
The Nuggets
The Nuts
The Only Solution
The Outcry
The Roaring Sixties Revival Band
The Rock Birds
The Serious MF
The Songkillers
The Sweat
The Three Girl Madhouse & Mario
The Three Lads
The Unknown
The Untouchables
The Voice
The Wild Irish Lasses
Thomas & Claudius & Conny
Thomas & Katze
Thomas Bartosch
Thomas Borschert

Three Girl Madhouse
Thumb Up
Tietzes
Tim Lambert
Tim Lambert & Franz Luttenberger
Tim Lambert & Ronnie
Tim Lambert Experience
Time
Time Machine
Tof
Tom & Michael
Tom Frank's
Tomas & Claudius & Conny
Tony Cocker & Jivi
Too Much Jazz Tunes
Too Much Orchestra
Trainleader
Trans Art
Transistors
Triangolum
Trio Infernal
Tropical Express
Trust
Tschako
Tschako & "P"
Tschako & Markus Lindner
Tschako ist in der Stadt
Tschako und der kleine Prinz
Tumbling Dice
Twice A Day
Two of You
Two/2 of us & Band

U.S. Cool
Uhuru
Uljana Wacklinova
Ulli Bäer
Ulli Bäer & Boys from Hairnoise
Ulli Datter
U-NO-Y
US Cool
Uschi Schwarz
Uwe Bruchhäuser

Vanessa & the Soul Train
Venice & Owl
Venus
Venus feat. & Ronnie Urini
& Tim Lambert

Vera Montana
Veto
Vickerl Pfosten

Vienna Intuition
Viktor Gernoth
Viktor Gernoth's Animal House
Vito Arena
Voice to Voice

W. Tockner
Wagner & Taylor
Walter Hogan
War Honk
Wasteland
Wednesday Night
Weltkugel
Werner Auer & Das Trio
Werner Eichhorn
Werner Pfeffer
Wessely das Trio
Wetten oder Wie
White Roots
Who the Deuce
Wiener Wunder
Wild Irish Lassies
Wilfried sings the Blues
William Stone
Willow
Windi Gruber & Band
Wolfgang Bauer
Wolfgang S.
Wolfgang Staribacher
Wolfgang Tockner

X-Bluesion

Yakoo
Yitka Woodhams & Band
Young Touch

Zerbrechliches Gleichgewicht
Ziegelton 70
Zipflo Weinrich New Group Havlicek

* Sollten wir jemanden vergessen haben, bitten wir um Entschuldigung.

Fotos: Isabella Jakob

IMPRESSUM

HERAUSGEBER
W. Michael Satke

IDEE UND KONZEPT
W. Michael Satke

TEXTE
Wolfgang Beneder, Facebook.com
Ingrid Caven, www.ingridcaven.info
Andy Baum, www.andybaum.at
Leo Bei, Facebook.com
Markus Eiblmayr, www.linkedin.com
Mario Bottazzi, www.mariobottazzi.com
Willi Bründlmayer, www.bruendlmayer.at
Shlomit Butbul, www.shlomitbutbul.com
Etta Scollo, www.ettascollo.de
Gajus Stappen, Facebook.com
Winfried Gruber, www.linkedin.com
Hubert von Goisern, www.hubertvongoisern.com
Hubsi Kramar, www.hubsikramar.net
Kevin Lambert, Facebook.com
Christian Kolonovits, www.Kolonovits.com
Miki Malör, www.maloer.org
Günter Mokesch, www.mo-music.com
Josef Nöbauer, Wikipedia.org
Günther „Gunkl" Paal, www.Gunkl.at
Bernd Rengelshausen, Facebook.com
Heidi Spacek-Sidon, www.linkedin.com
Rudi Stanzel, www.rudistanzel.com
Thomas M. Strobl, www.der-strobl.at
Alexander Schukoff, www.schukoff.com
Tschako, www.tschako.at
Viktor Gernot, www.viktogernot.at
Peter Weibel, www.peter-weibel.at
Ludwig „Wickerl" Adam, Wikipedia.org

OHNE TEXTUNTERSCHRIFT
W. Michael Satke

LEKTORAT
Rainer Weiss
Helmut Gutbrunner

GRAFISCHE GESTALTUNG
Alessandri, Design & Marken Manufaktur
Paul Boudens

FOTOS
Pictures Born
Isabella Jaksch
W. Michael Satke
Alle Fotos ohne Credits-Angaben:
©Roter Engel Archiv

SCANS
Marijana Mance

DRUCK
Finidr s.r.o.

PAPIER
Munken Polar

Alle Rechte vorbehalten.

ISBN 978-3-85439-625-3

© 2018 Falter Verlagsgesellschaft m.b.H.
Marc-Aurel-Straße 9, 1011 Wien
T: +43/1/536 60, F: +43/1/536 60-935,
E: service@falter.at, W: faltershop.at

.ROTER ENGEL.

Die Nacht siegte über den Tag.